胜任父母

孩子的问题就不是问题

张向葵 李萍 主编
韩冲 杨玉民 周永涛 副主编

教育科学出版社
·北京·

出 版 人　李　东
责任编辑　何　威
版式设计　博祥图文　杨玲玲
责任校对　贾静芳
责任印制　叶小峰

图书在版编目（CIP）数据

胜任父母：孩子的问题就不是问题 / 张向葵，李萍主编．—北京：教育科学出版社，2019.1
ISBN 978-7-5191-1360-5

Ⅰ.①胜… Ⅱ.①张… ②李… Ⅲ.①家庭教育 Ⅳ.①G78

中国版本图书馆CIP数据核字（2018）第302119号

胜任父母　孩子的问题就不是问题
SHENGREN FUMU　HAIZI DE WENTI JIU BUSHI WENTI

出版发行	教育科学出版社			
社　　址	北京·朝阳区安慧北里安园甲9号	市场部电话	010-64989009
邮　　编	100101	编辑部电话	010-64981157
传　　真	010-64891796	网　　址	http://www.esph.com.cn
经　　销	各地新华书店		
制　　作	北京博祥图文设计中心		
印　　刷	保定市中画美凯印刷有限公司		
开　　本	169毫米×239毫米　16开	版　　次	2019年1月第1版
印　　张	21.5	印　　次	2019年1月第1次印刷
字　　数	295千	定　　价	49.80元

如有印装质量问题，请到所购图书销售部门联系调换。

顾问委员会

主　　任：王东昇
副 主 任：马瑞平　关　欣
委　　员：姜润娟　刘春丽　吉阳子　马忠燕　李大维　张晓梅
　　　　　普兰菊

编写委员会

主　　编：张向葵　李　萍
副 主 编：韩　冲　杨玉民　周永涛
编　　委：祖　静　赵悦彤　刘明东　冯晓杭　赵晓杰　王　元
　　　　　沙晶莹　高　爽　孙晓娟　王　璇　徐　芮　肖　月

序

　　某年某月的某一天,一切从那个小生命呱呱坠地开始。这是一段漫长的等待,终会尘埃落定,却也是另一段五味杂陈的开始,只待慢慢写就。当他(她)睁开双眼,父母的心刹那间亮了,喜怒哀乐不由得被他(她)牵引着。慢慢地,这个小小的人儿开始抬头、翻身、咿呀学语、行走跑跳,他(她)要辨明自己、认识他人,发展积极的情绪与行为。这些小事看似平常,但若是从零开始,也绝不容易。初为父母的新手爸妈们,固然竭尽所能,希望孩子样样俱佳,可也难免有束手无策的时候,产生困惑。很多父母到处取经,却常常不得其法,致使家庭教育问题频发。

　　为解决家长们教子不得其法的问题,我借助自己的学科优势及曾经做过六年幼儿园园长的经历,带领自己的硕士与博士研究生,长期深入幼儿园,到班级听课,与家长们交谈,了解到他们在教育孩子过程中存在的真实困惑与亟须解决的问题。同时,我们还与相关教育集团,比如环球华视教育集团、翰思国际教育集团、雅荷幼儿教育集团以及黑龙江九州教育集团进行合作研究,在此过程中了解到他们在引导家长配合幼儿园教育孩子的过程中也遇到过类似的问题。本书就是为解决这些问题而编写的。

　　本书可以说是父母的"问题管家",是婴幼儿教育工作者的效能手册,是所有热爱幼儿教育人士的行动指南。纵观全书,它有三大特点。

　　一是权威深入,培养父母的教育才能。我本人是国内首位拥有国家级教学名师、博士生导师头衔的幼儿园园长。我带领学术团队,专注于儿童教育三十余年,将教学经验与科研成果倾囊而出,著成本书。2013年,我出版了《孩子的问题不是问题》,从心理学视角诠释了孩子成长"问题"背后的秘密，确立了"只要找到了孩子问题产生的原因及解决办法，问题就不是问题"的教育观点。在本书中，我比较系统地研究了幼儿心理发展过程中出现的正常"问题"，揭示了"问题"背后的原理，提出了"若想胜任父母，爱孩子是本能，会爱孩子及掌握爱孩子的方法才是才能"的观点。

二是科学指导，规范父母的教育行为。本书所提及的解决问题的办法是建立在科学心理学的理论研究基础之上的，使父母面对问题时知道怎么做，而且确保做的每一步都能有理有据、有节有度，这不仅规范与纠正了父母现有的教育行为，而且引领了他们未来的教育观念。

三是理论变通，激发父母的主动教育实践。本书将庞杂生硬的理论"糅成"讨巧好用的方法，将生涩的专业术语"翻译"成生活情境中的小妙招，让大量的图表"扮演"成问题记录员，将问题的原因"敲击"成"小板块"，通过"黄金小建议"帮助父母将教育孩子的智慧应用于日常问题中，让父母的教育之路虽常遇山重水复之迷途，也自有柳暗花明之从容。这其中的种种思考，无不是厚积薄发的教育考问与沉淀。

此书是集体智慧的结晶。虽然此书的编写历时3年，但对其内容的选择却经历了30多年的理论研究与教育实践思考。从20世纪90年代的希腊求学到现今的幼儿园工作及考察，我梳理出幼儿成长问题300多个。经过无数次研讨，我们最终确定106个成长问题。我们将这些问题分为认知发展、情绪与情感、行为与习惯三个部分。为确保这106个问题是家长最关心却没有良策解决的问题，我与团队成员长年累月地深入幼儿园，除观察孩子们的行为外，还与老师、家长沟通，反复听取他们的意见。功夫不负苦心人，经过不懈的研讨与分析，我们确认这些问题都是家长与老师们最需要解决的问题。

本书12位作者贡献的文章数量分别是：冯晓杭5篇、赵晓杰10篇、王元11篇、祖静10篇、沙晶莹8篇、高爽9篇、孙晓娟6篇、赵悦彤14篇、王璇14篇、徐芮6篇、刘明东5篇、肖月8篇。

本书付梓之际，感谢祖静、赵悦彤、刘明东主动承担了大量工作，没有他们细心、认真的整理与审阅，此书很难顺利完成；感谢参与考察与合作的所有幼儿教育同人，没有他们长期给我提出各种教育问题，就没有我的认真思考与专心研究，更不会有今天的这本书；感谢所有没有列上名字的知识贡献者，没有他们的智言慧语，我们的思想火花、讨巧的方法将是"无源之水，无本之木"。

我作为本书的主编，从书的立意、选题、定题、内容确定、大纲编写到书稿修改、审核，全过程严格把关，逐字逐句修改，一丝不苟。尽管如此，由于能力有限，必然会留下些许不足与缺憾，敬请广大读者批评指正。

最后，我想说，孩子的成长，又何尝不是父母的一场修行？面对孩子的问题，父母不仅要知道"为什么"，更要知道"如何办"。只要能做到这两点，不仅孩子的问题不是问题，自己成为胜任的父母，也不再是问题。

东北师范大学教授、博士生导师
国家级教学名师　　张向葵
东北师范大学幼儿园原园长

2018年6月于长春

目 录

认知发展

如何帮助孩子学会等待 …………………………………… 2
如何引导孩子模仿父母的积极行为 …………………… 5
如何让孩子心甘情愿地做事 ……………………………… 8
如何让孩子改掉"偷拿"行为 …………………………… 11
如何对待孩子的"小破坏"行为 ………………………… 14
如何应对孩子的撒谎行为 ………………………………… 17
如何对待孩子爱问"为什么" …………………………… 20
如何应对孩子的恶作剧 …………………………………… 23
如何引导孩子分享玩具 …………………………………… 26
如何给玩具定"性" ……………………………………… 29
如何教孩子学会合作 ……………………………………… 32
如何使孩子受欢迎 ………………………………………… 34
如何让孩子衣着随"性" ………………………………… 37
如何引导孩子不攀比 ……………………………………… 40
如何应对孩子说"瞎话" ………………………………… 43
如何让孩子做事更有计划性 ……………………………… 47
如何让孩子安全、有趣地玩沙 …………………………… 50
如何引导孩子爱说话 ……………………………………… 53
如何使孩子摆脱说话结结巴巴 …………………………… 56

如何看待孩子自言自语 …… 59
如何回答"我是从哪儿来的" …… 62
如何回答关于死亡的问题 …… 65
如何教孩子认准颜色 …… 68
如何提升孩子的记忆力 …… 71
如何避免孩子过度自信 …… 74
如何让孩子提高自信 …… 77
如何理解孩子的自我中心 …… 81
如何培养孩子的注意力 …… 84
如何提高孩子的自制力 …… 88
如何对待孩子的"无所畏惧" …… 92
如何应对孩子喜新厌旧 …… 96
如何让孩子学会接受批评 …… 99
如何不让孩子"一叶障目" …… 102
如何锻炼孩子的言语表达能力 …… 105
如何指导孩子阅读 …… 108

情绪与情感

如何应对孩子的"点将"行为 …… 112
如何应对孩子哭闹 …… 115
如何使孩子不过度偏爱父母中的一方 …… 118
如何引导孩子克服退缩行为 …… 121
如何帮助孩子克服自卑 …… 124
如何应对孩子被欺负 …… 127
如何让男孩像个男子汉 …… 131
如何引导孩子与大孩子交朋友 …… 134
如何对孩子不偏心 …… 136

目录

如何引导孩子不黏着娃娃 …………………………………………139

如何应对孩子不希望有小弟弟或小妹妹 …………………………142

如何引导孩子不害怕打针 …………………………………………145

如何使孩子不害怕上幼儿园 ………………………………………148

如何引导孩子不嫉妒他人 …………………………………………151

如何应对孩子怕鬼 …………………………………………………154

如何帮助孩子控制情绪 ……………………………………………157

如何引导孩子愿意与人交往 ………………………………………160

如何避免孩子被同伴拒绝 …………………………………………163

如何鼓励孩子进行朗诵表演 ………………………………………166

如何缓解孩子对父母离婚的担心 …………………………………169

如何协助孩子养宠物 ………………………………………………172

如何应对孩子爱发脾气 ……………………………………………175

如何对待敏感脆弱的孩子 …………………………………………179

如何帮助孩子克服对陌生人的恐惧 ………………………………182

如何提高孩子的独立性 ……………………………………………185

如何对待慢热型孩子 ………………………………………………188

如何应对孩子叛逆 …………………………………………………191

如何应对孩子性格孤僻 ……………………………………………194

如何尊重孩子 ………………………………………………………197

如何不让孩子多管闲事 ……………………………………………200

如何使孩子不怕乘坐电梯 …………………………………………203

如何引导孩子不过于腼腆害羞 ……………………………………207

如何应对孩子总说"怕" …………………………………………210

如何应对孩子闯祸后的慌张表现 …………………………………213

如何引导孩子做乖巧的小客人 ……………………………………216

行为与习惯

如何使孩子不依恋大床 …………………………………… 220
如何改变孩子挑食的习惯 ………………………………… 223
如何应对孩子总要新玩具 ………………………………… 226
如何使孩子不再暴力 ……………………………………… 229
如何正视扒裤子现象 ……………………………………… 232
如何应对孩子插话 ………………………………………… 235
如何应对孩子提过分要求 ………………………………… 238
如何对待孩子的"人来疯"行为 ………………………… 241
如何不让孩子制造麻烦 …………………………………… 244
如何教会孩子打招呼 ……………………………………… 247
如何应对孩子爱告状 ……………………………………… 251
如何使孩子遇到困难不退缩 ……………………………… 255
如何使孩子不声如洪钟 …………………………………… 258
如何使孩子不争抢他人物品 ……………………………… 261
如何应对孩子一上幼儿园就生病 ………………………… 264
如何避免孩子迷恋 iPad …………………………………… 267
如何制止孩子动手打人 …………………………………… 270
如何应对孩子的"小倔驴"脾气 ………………………… 273
如何让孩子爱吃蔬菜 ……………………………………… 276
如何应对孩子撕书、撕纸 ………………………………… 279
如何让孩子克服磨蹭 ……………………………………… 282
如何让孩子减少"画地图"次数 ………………………… 285
如何让孩子快速入睡 ……………………………………… 288
如何应对孩子爬上爬下 …………………………………… 291
如何纠正孩子吃手指的习惯 ……………………………… 293
如何应对孩子乱"吃"东西 ……………………………… 296
如何制止孩子说脏话 ……………………………………… 299

如何让孩子乐于洗头发 ·················303
如何让孩子安静下来 ···················307
如何不让孩子耍无赖 ···················310
如何对待孩子的涂鸦行为 ···············313
如何让孩子消除起床的小脾气 ···········316
如何不让孩子迷恋动画片 ···············319
如何使孩子犯错后不"执迷不悟" ········322
如何对待孩子看人脸色行事 ·············325
如何引导孩子自己吃饭 ·················328

认知发展

胜任父母
孩子的问题就不是问题

如何帮助孩子学会等待

 名家智语

无论对于儿童自然的需要应给予何种程度的满足，他们嗜好的需要却是决不能得到满足的，甚至不可让他们提及。

——英国哲学家洛克

4岁左右的孩子有个等不得的特点，即"迫不及待"。例如，刚买回来的蛋糕，没洗手，他就立刻要吃；没开封的玩具，他立刻要拆开看。如果他的要求不能马上得到满足，就连哭带闹。这时，家长应该怎么办？

需要做的事情

1 让"迫不及待"变成耐心等待

▶ 拒绝不合理要求。例如，当孩子想要吃糖果或者想要买某个玩具时，家长要耐心帮助孩子分析有没有买的必要性和合理性，告诉孩子没必要买的东西是不可以买的。

▶ 要有意识地锻炼孩子的延长满足（也就是延迟满足）能力。可以采用循序渐进的方式，有意识地进行等待满足训练。例如，当孩子想要吃糖果等零食时，让孩子等待一会儿再去吃。

▶ 在尊重孩子意愿的前提下，倾听孩子的想法，了解他们"迫不及待"行为产生的原因。倾听时，让孩子保持情绪平静，如果孩子脾气暴躁或者满地打滚，需要让孩子平静下来，先对其进行冷处理。

▶ 教给孩子延长满足的办法。例如，教孩子转移注意力，让他面对"迫不及待"的事物时，可以通过玩游戏、唱歌、画画或者做其他事情来转移注意力。

2 制作"孩子'迫不及待'记录表",总结"迫不及待"的规律

生活中,我们常常会见到有些孩子迫不及待地想得到某件东西,如果得不到,就会哭闹。其实,通过记录,找到一定的规律,是可以帮助孩子学会等待的。

▶ 当孩子出现"迫不及待"行为时,在表格中用 ☹ 进行标记(可以用表情贴纸粘贴或者画出来)。

▶ 了解孩子"迫不及待"行为出现的原因(如没有吃到糖果)。

▶ 写下每次面对孩子的"迫不及待"行为时采取的教育方式(如告诉孩子要再等一等)。

孩子"迫不及待"记录表

日期	标记	原因	教育方式
5.21	☹	想吃糖果	让孩子等待 5 分钟后吃

3 避免出现以下不恰当的教育行为

▶ 溺爱孩子。当孩子想要吃糖果、蛋糕或者想要买某个玩具时,立刻满足孩子的要求。

▶ 让孩子的撒娇成为自己的软肋。面对孩子的撒娇、哭闹等行为无能为力,立刻"缴械投降",常常因为一时的心软就满足孩子的需求。

▶ 没有制定相应的规则,缺乏树立规则意识,对孩子的"迫不及待"行为有所忽视,从而让孩子的"迫不及待"行为无章可循。

▶ 没有做好正确示范。父母在面对一些诱惑时，不能抗拒诱惑，做不到延迟满足，却要求孩子做到。

想知道原因吗

4岁左右的孩子抵挡不住诱惑，出现"迫不及待"的行为是正常的，这是由于孩子的延迟满足能力有所缺乏。延迟满足是为了长远的利益而自愿延缓目前的享受。延迟满足是幼儿自我控制的核心成分，是社会化和情绪调节的重要组成部分，是伴随人一生发展的人格力量。研究表明，个体对行为的抑制与大脑额叶皮层有关。幼儿的大脑发育还不成熟，大脑皮质兴奋过程占优势。年龄越小，孩子越容易冲动。孩子从4岁起神经系统的内抑制才逐渐发展，能够逐渐控制自己的行为。可见，孩子的自我延迟满足能力受到大脑发育不成熟的影响。

我们将孩子"迫不及待"的原因总结在下表里，方便您了解。

孩子"迫不及待"的原因

序号	原因概括	具体分析
1	大脑发育尚未成熟。	生理结构决定心理功能，大脑对行为的抑制性控制影响自我延迟满足能力。孩子从4岁起神经系统的内抑制才逐渐发展，能够逐渐控制自己的行为。
2	延迟满足能力正在发展。	在自我延迟满足的过程中，孩子需要采用相应的办法来控制自己的情绪，抵抗诱惑。3~5岁孩子的自我控制能力随着年龄的增长而提高，这个阶段也是孩子自我控制能力发展的关键期。

> **黄金小建议**
>
> 孩子延迟满足能力的发展需要父母的有效引导，父母应教给他们可行的策略或办法。建议您制定相应的家规或规则，让孩子提高自控力，学习等待。

如何引导孩子模仿父母的积极行为

> **名家智语**
>
> 当儿童开始模仿后,他会很快超越榜样,比榜样做得更出色。
>
> ——意大利教育家蒙台梭利

3岁左右的孩子喜欢模仿父母的行为,例如言语、动作、表情等。有时,父母会突然发现孩子的言谈举止居然很像自己,学着自己的样子吃饭、说话,甚至安慰别人。当父母的一些不雅行为或不良行为被孩子模仿时,就要及时采取应对办法。

需要做的事情

 制作"孩子模仿父母行为记录表",总结模仿行为出现的规律

- ▶ 在表格中记录孩子模仿父母行为的情况(如模仿爸爸说脏话)。
- ▶ 了解孩子模仿父母行为的具体表现(如表情、言语和动作等)。
- ▶ 分析每次面对孩子模仿时父母的反应(如哈哈大笑或者严厉斥责等)。

孩子模仿父母行为记录表

日期	情况	具体表现	父母的反应
6.1	模仿爸爸开车时打电话。	爸爸开车带孩子去动物园,一路上孩子一直在模仿爸爸边开车边打电话的样子。	爸爸哈哈大笑,和孩子开玩笑:"宝贝长大也要开车吗?"

续表

日期	情况	具体表现	父母的反应

2 引导孩子正确模仿父母的行为

模仿也是一种学习，对于孩子的模仿行为，父母要因势利导。

▶ 学会分辨，注意引导。当孩子出现各种模仿行为时，父母要学会分辨，知道模仿哪些行为对孩子来说是好的，哪些是不好的，学会引导孩子。

▶ 学会准确又恰当地夸赞孩子。对于孩子的好行为、好习惯，父母要当面夸赞孩子、鼓励孩子，让他知道哪些方面做得好，例如："你学着妈妈的样子，把垃圾扔到垃圾桶里，真是讲卫生的好孩子！"让孩子努力向好榜样靠近，使良好的行为能及时得到强化。

▶ 以自己的良好言行引导孩子。父母自己不说脏话，不过度玩手机，为孩子树立榜样。

▶ 教孩子明辨是非。引导孩子明确良好行为的标准，让孩子明白哪些行为是正确的，哪些不良行为是不能模仿的。

3 避免出现以下不恰当的教育行为

▶ 当孩子模仿父母的行为时，父母却在一旁嘲笑孩子，这样会伤害孩子的自尊心。

▶ 孩子模仿了父母的不良行为，如说脏话、骂人等，父母却没有意识到问题，没有及时制止孩子的不恰当行为。

▶ 父母不严格要求自己，没有做出好的示范，在日常生活中有一些不好的行为，如说脏话等，自己不改正却批评孩子。

想知道原因吗

3岁的孩子，甚至年龄更小的孩子，有时并不是在看到父母的行为后就立即模仿，而是会在一段时间之后模仿。孩子的这种模仿是延迟模仿。他们喜欢模仿成人所从事的活动，通过观察父母的行为进行学习。模仿是孩子的天性，是孩子学习的一种特殊方式，也是他们参与和保持社会交往的一种方法。同时，随着孩子自主意识的不断发展，他们也会主动选择自己所要模仿的对象，尤其喜欢模仿父母、老师等人的言语和行为。我们将孩子模仿父母行为的原因归纳在下表里，方便您了解。

孩子喜欢模仿父母行为的原因

序号	原因概括	具体分析
1	延迟模仿能力的发展。	孩子的模仿存在三个阶段，分别是即时模仿、延迟模仿和内化模仿。孩子大约在2岁时就完成了从即时模仿向延迟模仿的转变，这体现了孩子认知能力的发展。
2	自主意识的发展。	在观察到他人的行为之后，孩子会有选择地进行模仿。2岁左右的孩子已经产生了自主意识，通过观察榜样的行为进行学习。他们模仿父母的行为，渴望成长。

> **黄金小建议**
>
> 延迟模仿在孩子的社会性发展中发挥着重要作用。建议您在日常生活中用自己的积极行为潜移默化地影响孩子，并不断地进行强化。

如何让孩子心甘情愿地做事

> **名家智语**
>
> 儿童获得快乐是其得到父母与教师重视与认可的结果。
>
> ——英国哲学家洛克

5岁左右的孩子对于父母的要求总是不愿意立刻去做,而是慢吞吞地行动,嘴里还嘟嘟囔囔的,摆出一副很不服气的样子,他们甚至可能会趁着父母不注意就溜走了。面对这种情况,父母应该怎么办?

需要做的事情

 如何把"不情愿"变成"心甘情愿"

- 争取与孩子建立一种和谐的亲子关系。在日常生活中,多与孩子一同参加亲子游戏,在游戏中与孩子并肩作战,为了一个共同的目标而努力。
- 当孩子对父母的要求产生怀疑、不愿意按要求去做的时候,先要给孩子一个解释的机会,让他说一说为什么不愿意做、他的想法是什么。
- 提出要求之前要谨慎地思考,是不是有充分的理由让孩子做这件事。如果是,父母就要坚持原有的想法;如果不是,父母可以让孩子先做自己的事,然后再来帮忙。
- 正面鼓励孩子做事情。当孩子做事"心不甘,情不愿"时,父母要想办法,用积极的语言正面鼓励孩子。例如,天气很热,可是孩子却不愿意洗澡,父母就可以说:"宝宝肯定是一个爱干净的好孩子,宝宝身上香香的，才能健康呦！"

2 制作"孩子'不情愿'记录表"，总结"不情愿"行为发生的规律

做有心的父母，把孩子不情愿做的事情记录下来，总结一下，一定会发现其中的规律。

▶ 当孩子出现"不情愿"行为时，在表格中用小表情 ☹ 进行标记。
▶ 了解孩子出现"不情愿"行为时的情况（如玩玩具、吃饭时）。
▶ 分析每次教育孩子的方式（如批评、讲道理）。

孩子"不情愿"记录表

日期	标记	出现时的情况	教育方式
9.1	☹	正在玩玩具。	让孩子玩耍之后再来帮助妈妈做事情。

3 避免出现以下不恰当的教育行为

▶ 父母直接给予孩子言语或行为攻击。例如，孩子不愿意打扫卫生时扫地扫得不干净，将玩具弄得乱七八糟，父母便打孩子或者出口大骂。
▶ 当孩子拒绝做事情或者做事拖拉的时候，父母马上表示很失望，如对孩子说："你要是这样，我就不喜欢你了！"
▶ 以高高在上的姿态对待孩子，命令孩子。不管事情是否重要，都用父母的权威向孩子施压。

想知道原因吗

5岁左右的孩子面对父母的要求，常常不情愿去做，这其实是正常现象。孩子的这种不听话的表现，与他们和父母之间建立了一种"情境性顺从"有关。孩子在父母的强烈控制下，不得不表现出一种不情愿的顺从。我们将孩子"不情愿"的原因总结为以下两点。

第一，儿童自我意识的发展。随着儿童年龄的增长，他们开始有意识地表现自我的意志，所以不愿服从他人的要求，以证明自己的存在价值。

第二，亲子沟通不良或者亲子之间存在矛盾。一方面，父母可能对孩子冷漠，不关心孩子，导致亲子之间没有形成一种有效的沟通方式；另一方面，父母对孩子的训导方式不恰当，经常斥责孩子，压抑了孩子的自我发展。父母对孩子施加强制性命令，导致孩子对父母产生恐惧或感到愤怒，所以只能暂时服从或者消极反抗。

> **黄金小建议**
>
> 父母的温情是能够帮助孩子控制小脾气的。建议您放下父母的权威姿态，试着温柔地对待自己的孩子，与孩子共同成长。

如何让孩子改掉"偷拿"行为

> **名家智语**
>
> 要尊重儿童,不要急于对他做出好或坏的评判。
>
> ——法国思想家卢梭

4岁左右的孩子,有时会趁人不注意把幼儿园或亲戚家的东西放进自己的小包里,说喜欢那个东西,要拿回家玩。面对孩子这样的行为,父母应该怎么办?

需要做的事情

1 及时了解孩子的"小心思"

- 作为父母,要知道孩子内心的小秘密,即"偷拿"东西的真实想法。
- 合情、合理地满足孩子,让他拥有自己喜欢的东西。
- 如果孩子拿了不属于自己的东西,要及时告诉孩子,不是自己的东西不能随便拿。
- 当孩子能够做到控制自己的不合理想法时,父母要及时鼓励和表扬孩子。

2 掌握合理的教育孩子的方法

- 强化孩子的规则意识,让他们心明眼亮。经常提醒孩子什么事情是正确的,什么事情是错误的。例如,经常告诉孩子:"偷偷拿走别人的东西是不对的。"

- 弄清孩子"偷拿"东西的理由。父母与孩子及时沟通，问清楚孩子这一行为背后的"小心思"。
- 父母示范良好的行为。父母要对社会道德、规则等有正确的认知和清楚的了解，并且时刻注意自己的一言一行，这样才能够给予孩子正确的引导。例如，捡到东西要归还失主，让孩子学习良好的行为。
- 面对孩子的"偷拿"行为，父母要立即阻止，并告知归还东西时说声"对不起"或者"请原谅"等。

3 避免出现以下不恰当的教育行为

- 通过不恰当的方式满足孩子的需求。例如，在亲戚家，对于孩子喜欢的东西，直接就让孩子带走。
- 用严厉的方式对待孩子的"偷拿"行为。一旦发现孩子的这种行为，父母就马上怒气冲天，甚至打骂孩子。
- 用"偷"这个字批评孩子，而孩子"偷拿"东西并不等同于成人世界的偷窃。
- 不管什么情况，总是拒绝孩子提出的要求。当孩子想要喜欢的玩具时，不由分说，直接拒绝孩子的要求。

想知道原因吗

　　4岁左右的孩子偶尔出现"偷拿"东西的行为是正常的。这是因为他们还处于前道德发展阶段。也就是说，这一阶段的孩子并不受道德和规则的约束，他们对事物会有自己的判断，并且认为自己的想法是正确的。孩子"偷拿"东西其实只是因为他们不能理解"偷"的概念，单纯按照自己的意愿行事而导致的。同时，这个阶段儿童的认知发展是以自我为中心的，他们单纯地认为，只要是我喜欢的，就可以据为己有。这种"偷拿"和成人世界的偷窃是两个截然不同的概念。

　　我们将孩子"偷拿"行为的原因总结在下表里，方便您了解。

孩子"偷拿"的原因

序号	原因概括	具体分析
1	这个时期的孩子自我意识快速发展，以自我为中心，很难站在他人的角度考虑问题。	在这个年龄段，儿童认为任何事情都应该按照自己的想法去做，他们的思维中有一个自己想象的"规则"。他们认为自己喜欢的东西就应该拿回家好好玩，于是就采取了行动。这种行为与成人世界的偷窃是不同的。
2	儿童的道德意识处于发展时期，行为需要由成人来规范，很难做到自律，即自己管自己。	2~5岁的儿童处于前道德发展阶段，他们只能直接接受行为的结果，还没有形成他律和自律的道德认知。他律道德是指儿童进行道德判断时受自身以外的价值标准支配。自律道德是指儿童进行道德判断时受自己的主观价值标准所支配，即外在的道德标准内化于己。这个时期的孩子的道德行为不受自己和他人的约束，想当然地认为自己的行为是正确的。

> **黄金小建议**
>
> 父母的正确指导能够帮助孩子顺利地度过想拿就拿的前道德发展阶段。多与孩子推心置腹地交流，您会发现一个有趣的儿童世界。

如何对待孩子的"小破坏"行为

> **名家智语**
>
> 儿童正处在成长和发展时期，仅仅需要为他们打开大门。
>
> ——意大利教育家蒙台梭利

5岁左右的孩子，在日常生活中总是会出现一系列的"小破坏"行为，例如把玩具车拆开、把钟表重组等，他们很享受拆装的过程，对自己的"小破坏"行为乐此不疲。面对这种情形，父母应该怎么办？

需要做的事情

1 如何对待孩子的"小破坏"行为

- 要理解孩子的"小破坏"行为，了解孩子这么做的原因，比如有时孩子对周围的事物充满好奇，出现一些"小破坏"行为。
- 当孩子在探索的过程中做出一些"小破坏"行为时，应先询问孩子搞"破坏"的原因。如若孩子回答是因为好奇，父母应夸赞孩子并给予鼓励；如若孩子仅仅是因为生气搞"破坏"，那就要纠正孩子的行为。
- 要为孩子创造自由探索的空间。当孩子对某个事物感兴趣并做出探索行为时，父母就要提供空间，比如在家中放一块小黑板或者设置一面涂鸦墙，满足他的探索欲望。
- 对孩子"破坏"东西的行为采取允许和接纳的态度，但是要正式告知孩子什么是可以"破坏"的，什么是不可以"破坏"的，制定相关规则。
- 当孩子不小心"破坏"了不应该破坏的东西时，父母不要恶言相向，谨慎使用言辞，不要吓唬或者惩罚孩子。
- 要有意识并能感知到孩子的"破坏"行为，并提前做好准备。在安全的范围内，给孩子准备一些可以拆卸、拼接和组装的玩具，或者同孩子一起废物利用，制作他喜欢的玩具。

2 观察、记录孩子的"小破坏"行为，发现孩子的兴趣点

- 观察、记录孩子"破坏"的具体东西。
- 记录孩子搞"小破坏"的方式（如拆开、打碎等）。
- 了解孩子搞"小破坏"的原因（如想知道玩具车是怎么跑动的）。
- 记录孩子搞"小破坏"的感受或结果（如知道了鱼离开水会死）。

第一步："小破坏"事件描述。

_____

_____

第二步：父母对孩子的"小破坏"行为进行分析。

_____

_____

第三步：父母发现孩子搞"小破坏"背后的兴趣点。

_____

_____

3 避免出现以下不恰当的教育行为

- 不问清楚孩子搞"破坏"的原因，就一味地打骂孩子。如果父母不能很好地引导孩子，不与孩子沟通，则会加剧他们的"破坏"行为。
- 当孩子正在专心致志地拆卸、组装玩具时，父母突然打断孩子，带孩子去做其他事情。
- 父母双方对孩子"破坏"行为的反应不一致或不稳定。父母双方要对孩子的行为持有相同的态度，而且不能随意变动，否则会让孩子感到

迷茫。
▶ 父母忽视孩子的"破坏"行为，没有进行教育与引导，这样做不利于激发孩子的好奇心与探索欲，也不利于他们养成良好的行为习惯。

想知道原因吗

5岁的孩子出现搞"破坏"的行为是正常的，这源自孩子的好奇心。5岁是孩子大脑发育的重要时期，也是孩子好奇心发展的重要时期。早期经验对幼儿大脑的发育有着重要影响，丰富的环境刺激能够促进幼儿的大脑发育，尤其是对神经突触的形成与生长有着促进作用。这个年龄阶段的孩子有着强烈的好奇心，他们不仅对自然现象有好奇心，对生活用具、玩具及其中的原理也有着强烈的好奇心。而为了满足自己的好奇心，他们就会进行探索，也就是父母所说的搞"小破坏"。

孩子喜欢搞"小破坏"的原因

序号	原因概括	具体分析
1	好奇心的发展。	1~5岁是孩子好奇心发展的重要阶段，他们会对各种各样的事物感兴趣，从而出现探索行为。 孩子的好奇心具有情境性、广泛性、探索性等特点。
2	动作技能的发展。	幼儿的动作技能不断发展，但由于能力和经验有限，在探索过程中可能会将东西破坏。

> **黄金小建议**
> 孩子的"小破坏"行为表明他具有很强的好奇心，请保护孩子的好奇心，运用正确的方法引导孩子，以免扼制孩子的探索欲望。

如何应对孩子的撒谎行为

> **名家智语**
>
> 人而无信,不知其可也。
>
> ——春秋时期思想家孔子

3岁左右的孩子会说出一些与现实情况不符的事情,即撒谎,如说别人拿了他的东西等。父母对孩子这种不实事求是的做法很担心,怕孩子养成撒谎的习惯,父母应该怎么办?

需要做的事情

1 制作"孩子撒谎行为记录表",总结孩子撒谎的规律

为了更加准确地掌握孩子撒谎行为出现的规律,知道什么情境下孩子容易撒谎,清楚自己当时的应对方式,可以制作一张"孩子撒谎行为记录表"。

▶ 当孩子撒谎时,在表格中粘贴或画小表情。

▶ 记录孩子撒谎的具体情况。

▶ 记录每次对孩子的教育方式(如正确引导)及时长与结果。

孩子撒谎行为记录表

日期	标记	具体情况	教育方式	时长与结果
5.3	☹	妈妈询问谁吃了蛋糕,孩子说是爸爸,其实是自己。	让孩子认识到自己的错误,不要随意撒谎。	2分钟。孩子对妈妈说:"妈妈,我知道错了。"

续表

日期	标记	具体情况	教育方式	时长与结果

2 掌握应对孩子撒谎的方法

▶ 多与孩子交流，了解孩子为什么要撒谎。了解孩子撒谎的原因后，有针对性地给予耐心引导，帮助他认识到撒谎是不正确的行为。

▶ 判断孩子撒谎是有意还是无意的。如果孩子为了得到某种玩具而有意撒谎，父母不要助长孩子的撒谎习惯，及时纠正孩子的撒谎行为。

▶ 当孩子承认撒谎时，要及时表扬和鼓励孩子。父母要适当表扬孩子，增强孩子改正缺点的信心。

▶ 要严肃对待孩子的撒谎行为，让孩子从一开始就认识到撒谎的危害。

3 避免出现以下不恰当的教育行为

▶ 经常恐吓并打骂孩子，使孩子通过撒谎来保护自己。

▶ 平时经常哄骗孩子，如说"你自己乖乖地玩，一会儿妈妈给你买好吃的"，可事后却不兑现承诺。

▶ 自己经常撒谎，孩子就会模仿父母的行为。

▶ 为了达到某种目的而让孩子帮自己撒谎。

想知道原因吗

幼儿由于年龄较小，认识水平相对较低，看事物往往只看表面，而成人由于积累了丰富的知识、经验，容易抓住事物的本质，能够客观地反映事物，因此幼儿常受成人评价的影响。幼儿感觉器官的发展还不协调、不完善，又缺乏生活经验，对事物的反映容易受自己主观感受的影响，常出现自我评价过高的现象。但幼儿的想象力非常丰富，容易将现实与想象混淆，经常会将圆的说成方的，将红的说成白的。此时的孩子如果把鸭说成鹅，就不能算撒谎。

我们将孩子撒谎的原因总结在下表里，方便您了解。

孩子撒谎的原因

序号	原因概括	具体分析
1	受成人评价的影响，自我评价过高。	幼儿自我评价的发展和幼儿认知及情感的发展密切相关。幼儿主要依赖成人的评价来认识自己和其他事物，并常常带有主观情绪。幼儿往往只考虑自己的观点，无法接受别人的观点，也不能将自己的观点与别人的观点相融合，于是就出现了撒谎行为。
2	幼儿的想象力丰富，但区分想象与现实的能力较差。	幼儿的前额叶皮层发育不够成熟，他们的认知能力有限，还不能区分想象与现实，经常会把自己想象的事物当作真实发生的事情来描述，因此也无法意识到自己在撒谎。

> **黄金小建议**
>
> 家庭成员之间经常进行平等的沟通，坦诚相见，让孩子知道说出内心的想法是值得鼓励的，并及时了解孩子撒谎的情况，通过讲道理来帮助孩子改正撒谎行为。

如何对待孩子爱问"为什么"

名家智语

有教养的头脑的第一个标志就是善于提问。

——俄国活动家普列汉诺夫

5岁左右的孩子特别喜欢提问题，总是刨根问底，"为什么？为什么？"一天到晚问个不停，有时父母都没办法应对了。面对孩子提出的种种"为什么"，父母应该怎么办？

需要做的事情

1 掌握帮助孩子解决问题的方法

- 耐心聆听。微笑并温柔地抚摸孩子的头，耐心倾听孩子的话语，不要责骂或者不高兴，保护孩子爱提问的好习惯。
- 不要嘲笑或贬低孩子的想法。不能当众嘲笑孩子的想法很幼稚、很可笑，要保护孩子的自尊心、好奇心和求知欲。
- 孩子提问时要及时加以鼓励，如对孩子说："你问得真好！"
- 给孩子讲一些与爱思考有关的名人故事，引导孩子学会思考。学会思考对一个人的成长极为重要，是孩子积累知识、探索世界的重要手段。
- 带领孩子一同寻找问题的答案，如一起查字典、上网查资料、寻求别人的帮助或做小实验等。父母不要不懂装懂，敷衍孩子，更不要告诉孩子错误答案。

2 制作"孩子问'为什么'记录表",总结孩子提问的规律

▶ 当孩子问"为什么"时,在表格中用小表情 😊 进行标记。
▶ 记录孩子问"为什么"的具体情况。
▶ 分析每次应对孩子提问的方式(如直接回答、敷衍了事、回避等)及时长。

孩子问"为什么"记录表

日期	标记	具体情况	应对方式	应对时长
5.7	😊	孩子看到金鱼,问爸爸为什么金鱼在水里还能呼吸。	爸爸向孩子解释鱼在水中呼吸的方式。	10分钟

3 避免出现以下不恰当的教育行为

▶ 含糊回答或转移注意力。例如,不正面、诚恳、谦虚地与孩子一起寻找答案,敷衍了事。
▶ 很不耐烦或直接推托。例如,对孩子说:"别烦我,找你爸爸(妈妈)去。"
▶ 嘲笑或者贬低孩子提出的问题。例如,对孩子说:"这太简单了,这么简单你怎么还不会?"

想知道原因吗

爱问"为什么"是幼儿心理发展的正常表现，是孩子早期思维发展的一种模式。幼儿期是孩子具体形象思维发展的主要阶段，在幼儿阶段末期孩子的抽象逻辑思维开始萌芽。孩子喜欢问"为什么"，表示他正在感受一些经验，思考一些问题，必须透过发问和获得答案来确定自己的感受和思考。爱问"为什么"的孩子，一般来说，好奇心、求知欲较强烈。孩子对新鲜事物感到好奇，但是知识、经验有限，无法解答，所以就特别喜欢向成人问这问那，发自内心地想知道答案和真相。已有研究发现，儿童对知识的渴求比人们想象的强烈。他们对有实际意义的解释性回答感到满意，而对敷衍了事的回答感到不满意，往往还会再次重复提问。

孩子爱问"为什么"的原因

序号	原因概括	具体分析
1	抽象思维的萌芽。	幼儿阶段末期，孩子出现抽象逻辑思维的萌芽，具体表现在分析、综合、比较、概括、判断、推理以及理解能力的发展等。凡事都想问个究竟，是这个时期孩子的主要特点。
2	具体形象思维占主体。	3~6岁的幼儿思维以具体形象思维为主，容易理解具体的事物，而难以理解一些抽象的概念。所以，他们理解事物内在的因果关系还有一定困难，这也是导致他们爱发问的主要原因。
3	好奇心、求知欲强烈。	幼儿对新鲜事物的好奇心强烈，求知欲强。但由于幼儿的抽象逻辑思维刚萌芽，同时掌握的知识有限，所以特别愿意发问。

黄金小建议

父母面对孩子的提问，应给予耐心的解答和真诚的回应，鼓励孩子提问，保护孩子爱问"为什么"的天性。要成为孩子最好的老师。

— 认知发展 —

如何应对孩子的恶作剧

> **名家智语**
>
> 对孩子来说，父母的注意和赞赏是最令他高兴的。
>
> ——美国人际关系学家戴尔·卡耐基

孩子在成长的特定阶段会喜欢搞恶作剧，特别是男孩子。有的孩子躲起来，让大人找得心急如焚，自己却哈哈大笑；有的孩子故意搞坏爸爸妈妈的东西，让他们生气。面对孩子的恶作剧，父母应该怎么办？

需要做的事情

1 弄清孩子搞恶作剧的真实原因

▶ 孩子喜欢藏东西、搞破坏等，往往是为了引起成人的注意，说明父母的关注还不能满足他们的心理需要。

▶ 喜欢欺负或者捉弄其他小朋友的孩子，往往是曾经体验过这样做带来的乐趣，并不懂得被欺负或者被捉弄的小朋友的感受和心思，不懂得换位思考。

2 用关注和后果体验解决问题

▶ 对成人搞恶作剧的孩子，往往缺少父母的爱与陪伴。父母回家后应放下手机，放下工作，关注孩子的话语、游戏、吃饭和睡觉，让孩子知道父母在看着他，愿意陪着他。

▶ 对于好奇心强或是觉得恶作剧有趣的孩子，可以尝试对其采用一些

"以其人之道，还治其人之身"的小惩戒，让他体验被人捉弄的不愉快和窘迫的状态，让他体会恶作剧对别人造成的不良后果。
- ▶ "智降"淘气包。大人动动脑筋就能够轻而易举地识破孩子的小心思、小把戏，不让孩子的小计谋得逞，逐渐地孩子也就不会再自讨无趣了。

3 避免出现以下不恰当的教育行为

- ▶ 恼羞成怒，体罚孩子。
- ▶ 放纵、偏袒孩子，大事化小，认为孩子小，长大后自然就不会这样了。这样做只会助长孩子搞恶作剧的"小威风"。
- ▶ 夸耀孩子，认为孩子搞恶作剧是因为他聪明、有心眼儿等。父母不恰当的反馈会强化孩子的不当行为，孩子一旦养成习惯就更加难以改正。

想知道原因吗

孩子喜欢搞恶作剧的原因很多，有天性问题，更有家庭教育的疏漏，抑或是缺少与人交往的经验等。下面我们把孩子喜欢搞恶作剧的原因列出来，您可以比对孩子的具体行为，找到"病根"，以便对症下药。

恶作剧之源

典型行为	原因
喜欢乱动乱翻、拆卸东西、乱写乱画。	好奇心强，尝试做与家长要求不一致的事，而且不计后果。
乱跑乱撞，脾气倔强，跟家长对着干。	被错误地批评过，产生对抗心理，反感家长的要求、命令。
喜欢搞破坏、藏起来，专门弄坏家长的东西。	经常被忽视，得不到家长的留意和关心，情感上"吃不饱"，希望能引起家长的关注。

续表

典型行为	原因
玩闹没有分寸,喜欢捉弄小朋友,并以此为乐。	缺少交往经验,控制不好自己的行为,体会不到别人被捉弄时的心情。
为所欲为,即使面对大人也毫无收敛,包括辱骂、伤害等。	教养方式与孩子的气质类型不匹配,家长过分宠溺孩子,孩子没有规矩意识,毫无自我约束能力。

> **黄金小建议**
>
> 孩子的恶作剧特别容易让父母走向愤怒或者冷漠的两个极端。一个被给予足够关爱和引导的孩子,几乎不会出现过激的恶作剧行为。父母要学会侦测这个信号,让孩子健康成长。

如何引导孩子分享玩具

> **名家智语**
>
> 幸福越与人共享，它的价值越增加。
>
> ——日本作家森村诚一

很多年幼的孩子都会在舍弃自己的心爱之物或将其借给他人时，显得小气、自私。怎样才能让孩子主动分享玩具呢？

需要做的事情

1 尊重孩子，搞清孩子不分享玩具的原因

- 尽量不要在孩子不同意或不情愿的情况下，把他的心爱之物送给别人。
- 送小客人礼物的重要原则是：礼物必须是孩子自己为小客人准备的，且心甘情愿地送给小客人。
- 注意观察孩子喜欢哪些玩具或其他物品，避免误拿、误送孩子的心爱之物。

2 鼓励孩子主动邀请小客人一起活动

- 鼓励孩子向小客人发出邀请，一起玩玩具或者一起吃零食，让孩子体验帮助妈妈招待客人的过程和乐趣。
- 如果孩子比较内向、害羞，可鼓励孩子邀请小客人一起看电视或者坐

在一起玩游戏。

3 让孩子参与备餐、备礼

▶ 客人到来前，让孩子参与准备茶点、零食，如亲手切水果、挑选零食等。
▶ 孩子愿意参与准备工作后，鼓励孩子自己挑选礼物、包装礼物。

4 避免出现以下不恰当的教育行为

▶ 看到孩子"无理取闹"（别人的东西自己可以玩，但是自己的东西绝不允许别人碰）时，总是失去理性，立马产生负面情绪，批评孩子。
▶ 让孩子一味地谦让。这也是不可取的。父母要先在一定程度上满足孩子的需求，再教育孩子学会谦让。
▶ 不当的惩罚。在孩子出现哭闹行为后，很多父母常常采取一些直接的惩罚手段，如扔掉玩具、打孩子等。这些不当的做法反而会强化孩子的自私行为。

想知道原因吗

孩子不愿分享玩具，是他们自我意识和道德认知发展不成熟的表现。只有道德认知与自我意识发展成熟，孩子才既能分清你我，又可以"舍己为人"。但遗憾的是，年幼的孩子道德认知的发展要比自我意识的发展慢得多，因此他们的行为主要是受自我意识支配的。他们不懂得道德认知支配下的约定俗成的规则，所以意识不到在守护自己东西的时候伤害了其他人。那么，孩子掌握约定俗成的规则大致要经历一个怎样的过程呢？借助下表，您可以了解孩子互动行为的发展时序。

孩子互动行为发展时序

年龄	典型行为
3岁前	没有互动，不懂互动。
3~5岁	平行游戏，不是真互动。
6岁以后	逐渐进行合作游戏。

> **黄金小建议**
>
> 即便再大一些的孩子能够进行合作游戏，但是分享在孩子中也是不多见的。因此，不必过分介意孩子不愿分享玩具的行为，应理性看待。

如何给玩具定"性"

名家智语

世上没有两根头发是一样的,没有两颗谷粒是一样的,也没有两种观点是一样的,世界的最大特点是多样化。

——法国思想家蒙田

在孩子三四岁的时候,可能会出现男孩子不喜欢汽车、喜欢娃娃,女孩子不喜欢娃娃、喜欢车模等情况。父母担心以后男孩子就没了男孩样儿,女孩子没有了女孩样儿。这该怎么办?

需要做的事情

1 挑选玩具要兼顾功能与孩子的兴趣

- 孩子的玩具应该种类丰富、功能多元,选择时,没必要区分"性别"。
- 首选能引发孩子兴趣的玩具。
- 可以选择有助于爬、走、跑等涉及大肌肉群发展的玩具,也可以选择有助于抓、捏、握等手部小肌肉群锻炼的玩具。

2 摸索孩子对不同种类玩具的喜好

- 尝试满足孩子的探索欲望,放手让孩子挑选自己喜欢的玩具。
- 总结孩子喜欢的玩具的类型,并分析原因,适当提问,例如:"宝贝,你为什么喜欢毛绒玩具呢?"有些男孩子喜欢毛绒玩具,也许只是因为它们摸起来手感很好、抱起来很舒服。

▶ 尝试给孩子提供符合其性别特征的玩具，观察孩子的反应，并询问他的态度。例如，可以给男孩子提供小汽车、小手枪等玩具，如果孩子拒绝，耐心地问问"为什么"。

3 新玩法，新玩伴，玩出新花样

▶ 让孩子和其他小朋友一起玩，同性别的同伴对孩子选择适合的玩具是很有示范作用的。
▶ 家长也是优秀的玩伴。家长可以有意识地引导孩子多多参与符合其性别特征的游戏，也许男孩子不喜欢玩小手枪是因为没有人扮演"坏蛋"呢！
▶ 如果孩子仍旧不喜欢与其性别特征相符的玩具，可以适当选择没有明显性别特征的玩具，如医疗类玩具等。

4 避免出现以下不恰当的教育行为

▶ 孩子玩不符合其性别特征的玩具时，嘲笑孩子。
▶ 以自己的性别观而不是传统的性别观为标准选购孩子的玩具。家长在为孩子选玩具时不能带有个人的性别偏见，也不能以自己的喜好为标准。
▶ 干脆夺走孩子的玩具，不让孩子玩。家长剥夺孩子玩玩具、做游戏的权利，会让孩子不知所措，产生恐慌情绪。家长应以耐心引导代替焦躁、鲁莽。

想知道原因吗

男孩子喜欢玩汽车、球类等，女孩子喜欢玩过家家、洋娃娃等，这种玩玩具时的"男女有别"，是孩子性别刻板印象形成过程中的一种现象，也就是孩子通过社会环境中的各种熏陶，知道了男性和女性在生活、个性等方面的一些约定俗成的典型特征。一旦形成了性别刻板印象，孩子就会产生对应自己性别的典型行为。

孩子性别刻板印象的形成与成人的影响分不开，我们通过下表来看一看成人起到了哪些作用。

成人如何影响孩子的性别刻板印象

影响条件	影响过程
成人如何选玩具。	成人为女孩选择娃娃或与做家务、化妆等相关的玩具，为男孩选择机器人或与战争相关的玩具，就是按照性别刻板印象为孩子选择玩具；如果为女孩选择足球，为男孩选择编织、刺绣类的玩具，就是反转性别刻板印象为孩子选玩具；如果为孩子选择中性的玩具，如乒乓球、乐高玩具，就是弱化性别刻板印象为孩子选玩具。
成人如何评价孩子选玩具。	当女孩或男孩主动玩某类玩具时，如果父母对孩子微笑或夸奖孩子，就会强化孩子的这种行为；如果父母毫无反应，不特别关注或评价这种行为，孩子以后未必会主动玩这类玩具；如果父母呵斥、责怪或嘲笑孩子，孩子以后主动玩这类玩具的可能性会大大减小。

> **黄金小建议**
>
> 孩子的选择有时也反映了您的态度，所以父母首先要反思自己，其次宽容对待孩子的选择，最后支持孩子的合理选择。

如何教孩子学会合作

> **名家智语**
>
> 不管努力的目标是什么,不管他干什么,他单枪匹马总是没有力量的。合群永远是一切善良的人的最高需要。
>
> ——德国作家歌德

有的孩子虽然已经上了幼儿园,但仍旧喜欢拿着玩具自己玩,不会主动和别的孩子一起玩。心理学家阿德勒说,合作是一个人心理健康的重要前提。父母都希望孩子从小就懂得与别人和谐相处,共同做事,可是要如何引导孩子呢?

需要做的事情

1 巧用游戏,教给孩子配合技巧

- ▶ 让孩子多玩合作游戏。选择的游戏最好需要多种玩具且需要孩子们配合使用,可邀请孩子的小伙伴加入,如"抢救病人""植树节"等游戏。
- ▶ 当孩子主动找到其他孩子一起玩时,父母可以参与进来,承担其中的一个角色。
- ▶ 可使用反问、提示线索或者提建议等多种方法引导孩子们相互配合。

2 通过合作活动传授合作技巧

- ▶ 邀请孩子和自己完成一项任务,如请孩子跟自己一起摆放餐具。
- ▶ 教给孩子合作过程中的礼貌用语。发起合作活动时,使用"我们一起……好吗？""请……""你好"等词句；合作中感谢他人帮助或接受他人感谢时，使用"谢谢""不客气"等词语；发生矛盾时，多说"对不起""没关系"，少说"我要……""我想……"。

▶ 示范合作中的交流方式，如"宝宝，请帮妈妈拿来筷子，谢谢你"，然后请孩子以这种方式向自己求助。

▶ 示范合作中的行为模式，如轮流、分享、主动提供帮助等。

3 避免出现以下不恰当的教育行为

▶ 强迫孩子和其他小朋友一起玩，不管孩子的情绪和意愿。

▶ 孩子还没有能力与他人合作时，要求孩子与他人合作。

▶ 认为只要小朋友在一起就能够自动学会合作。实际上，孩子将好的行为内化为积极的品质需要父母的耐心引导和教育。

想知道原因吗

孩子不会合作，原因之一是合作本身的难度很大。合作是两个或两个以上的人为了共同的目标，主动配合别人，进行分工协作的一种行为。能够坚持实现目标、主动配合别人、完成协作都是合作能够实现的先决条件，其中任何一项缺失，都不能实现合作。

孩子不会合作的原因

序号	原因
1	认为合作就是一起做事情，不懂什么是相互配合。
2	不会换位思考，认为别人和自己想得一模一样。
3	没有合作的经验，没机会参加集体合作活动。

> **黄金小建议**
>
> 父母的包办代替也是阻碍孩子学会合作的原因之一，父母的爱并不应体现为帮助孩子做一切，而应体现为教会孩子做一切。

如何使孩子受欢迎

> **名家智语**
>
> 爱人者，人恒爱之；敬人者，人恒敬之。
>
> ——战国时期思想家孟子

有些孩子好像没什么朋友，也不见他与其他小朋友一起玩。即使他看到别的小朋友在玩，也远远地站着，不敢靠近。孩子不受欢迎，总被同龄人"拒之门外"。面对这种情况，父母心里一定很着急，有什么办法能让孩子受欢迎呢？

需要做的事情

1 帮助孩子掌握换位思考的"读心术"

▶ 读心先识人，识人先识面。利用动画片、图画书等与孩子一起认识人的表情和身体语言。

▶ 与孩子玩"我扮你猜猜"的游戏。父母做出各种表情和肢体语言，让孩子来猜父母的情绪。然后，让孩子做表情和肢体语言，父母来猜。

▶ 识人后读心。用玩偶代替小朋友，让孩子跟玩偶一起模拟典型的交往活动，如一起玩玩具、玩滑梯等。在游戏中，让孩子感受玩偶小朋友的态度、情绪和想法。可以设计几个典型的情境，如下页表所示。可以问问孩子："当这只小熊想加入陌生小朋友的游戏时，它的表情是什么样的？说了些什么、做了些什么呢？"

典型的交往活动

典型场景	想加入陌生小朋友的游戏。	想邀请小朋友一起玩。	有人想加入你正在玩的游戏。	别人拒绝你的邀请。	别人拒绝你参加游戏。
表情	感兴趣，好奇。				
动作	旁观他们的游戏。				
语言	我能跟你们一起玩吗？				
态度	诚恳、小心翼翼。				
应该做的事	鼓起勇气去问一问能不能加入，要有礼貌。				
不该做的事	莽撞地加入游戏，甚至抢玩具。				

2 帮助孩子克服冲动，练习"十根手指好兄弟"情绪调控术

▶ 为孩子示范情绪调控的方法，数手指，小声念"十根手指好兄弟，不生气呀开口笑"。反复几次后，跟孩子说说自己心情的变化。

▶ 如果孩子无法独立完成情绪调控，可以让孩子不高兴时大声数手指，直到自己平静下来。

3 对孩子进行正面评价，鼓励孩子认错

▶ 当看到孩子在努力控制情绪、尽力调整自己的行为时，要不吝惜赞美，强化孩子的好行为。

- 孩子改掉冲动或退缩的习惯需要一个漫长的过程，其中会出现多次反复。父母没有必要大惊小怪，但要明确告诉孩子言行是否恰当。
- 鼓励孩子只要意识到自己犯错了，就要跟别人道歉，等待对方接受道歉，并积极将口头道歉转化为行动，如归还玩具、让出游戏场地等。

4 避免出现以下不恰当的教育行为

- 孩子被拒绝时，父母不顾孩子的低落或为难情绪，强迫孩子再次主动要求参加活动。
- 孩子虽然被拒绝参加游戏，但不哭闹、不退缩，可是父母却毫无反应，没有及时鼓励孩子。
- 孩子被拒绝后，让孩子以对抗的方式来回击，如告诉孩子"他们不跟你玩，你也不要再理他们"。

想知道原因吗

孩子被同伴排斥，无法参加集体活动，这种长期被"拒之门外"的情况，在心理学上被称为"同伴拒斥"。有的孩子是因为有些习惯和行为很难让别的小朋友接受，如动不动就骂人、打人，或者爱出风头。在这些消极的社会行为中，攻击性行为是最容易引发拒斥的。还有一些孩子比较固执、控制欲强或是很爱生气。他们既不愿意与别的小朋友分享游戏资源（如游乐设施、游戏场地等），也不懂得和平相处。他们要么争抢玩具，要么发脾气、大喊大叫，要么退缩胆怯。总之，孩子容易被同伴拒绝，是气质、性格、不良的行为习惯和不能换位思考等多方面原因导致的。

> **黄金小建议**
>
> 不责备孩子，也不当着孩子的面批评其他孩子，是父母面对孩子被排斥时所应注意的重要事项。用温暖的拥抱安慰受伤的孩子吧，他的失落只有父母能懂。

— 认知发展 —

如何让孩子衣着随"性"

> **名家智语**
>
> 雄兔脚扑朔,雌兔眼迷离;双兔傍地走,安能辨我是雄雌?
>
> ——南北朝《木兰诗》

有的男孩不喜欢穿男孩的衣服,专门挑裙子、高跟鞋来穿,甚至喜欢摆弄妈妈的化妆品。孩子是一时兴起玩男扮女装,还是心理出现了异常?或者只是父母大惊小怪呢?面对这种情况,父母应该怎么办?

需要做的事情

1 区分中性化与不男不女,无条件接纳孩子的生理性别

- 生育前,父母可能对宝宝有一些期许,尤其是对性别有所期待,但面对出生后的孩子,必须无条件地接纳孩子的性别,放下自己的偏好,为孩子而改变态度。
- 对孩子符合性别特征的言行要给予有性别色彩的评语,如"宝贝真强壮,像个小男子汉""宝贝好温柔,以后一定是个好妈妈"等。
- 中性化特征不是不男不女,而是兼具两性的优秀品质,如坚强勇敢、细心周到、活泼好动、慢条斯理等。
- 父母应明确哪些特征是中性化的,哪些是典型的男性和女性特征。

2 启动爸爸养育模式

- 爸爸每周在固定的时间与孩子一起做游戏。

- ▶ 爸爸可以带着孩子协助妈妈完成每天的家务劳动。
- ▶ 让爸爸和孩子一起去购物。

3 避免出现以下不恰当的教育行为

- ▶ 对孩子称呼不当，如把男孩叫作"女儿""闺女""丫头"等。昵称应尽量符合孩子的性别。
- ▶ 因为好奇把男孩打扮成女孩，或者把女孩打扮成男孩。
- ▶ 用一两次观察代替长期观察，草率判断孩子的问题。

想知道原因吗

孩子的打扮受心理性别的影响很大。有些孩子喜欢男扮女装或女扮男装，他们不是反感自己的身体，或是喜欢异性的身体，而是欣赏异性的"标签"，这与他们的生活经历关系很大。心理性别是大多数人对男性和女性应该具有什么样的行为习惯甚至外表的共识，是约定俗成的标准，体现了社会文化对男性和女性的一般态度。心理学家班杜拉认为，孩子的行为往往是观察和模仿成人的结果，因此如果孩子在成长过程中获得的社会期望是错误的，就可能习得典型的异性行为特征。

我们将中性化和异性化的行为梳理在下面的表格中，供您参考。

中性化与异性化行为

性别	中性化行为	异性化行为
男性	偏爱带有女性元素的服饰、打扮，但不会穿女装；不喜欢别人用女性昵称称呼自己，也不把自己当成女性。	喜欢女性元素，也喜欢穿女装；喜欢给自己取女性的名字，也喜欢别人这样称呼自己；喜欢梳妆打扮。

续表

性别	中性化行为	异性化行为
女性	很少穿裙子，但不会穿男装； 不喜欢别人用男性昵称称呼自己，也不把自己当成男性。	喜欢男式短发； 穿女装觉得别扭，甚至反感，接受不了穿裙子； 喜欢给自己取男性昵称，也喜欢别人用男性昵称称呼自己。

> **黄金小建议**
>
> 不仓促下结论，多观察，多记录，总结孩子的行为特点，也许孩子的行为并没有父母想的那样严重。

如何引导孩子不攀比

> **名家智语**
>
> 显而易见，骄傲与谦卑是恰恰相反的，可是它们有同一个对象。这个对象就是自我。
>
> ——英国哲学家大卫·休谟

当孩子们在一起时，我们总能听到这样的声音："你快看我的玩具多厉害呀！""我的小汽车才更好呢！"孩子们总是喜欢攀比。面对这种情况，父母该怎么办呢？

需要做的事情

1 父母应该遵循以下原则

- ▶ 改变攀比方向。例如，告诉孩子："你们比吃穿、比玩具，还不如比谁做事更加专注呢？我们来个比赛，看谁做事更专注，好不好？"
- ▶ 把握生活小问题。引导孩子对身边的事物进行比较，提高孩子比较和表达的能力。但是这种比较必须是正向、有度的，而不是胡搅蛮缠或虚荣攀比。

2 和孩子一起购买或者制作、装点自己的物品

- ▶ 购买孩子的物品时不要包办，要征求孩子的意见。
- ▶ 制定购买规则，告诉孩子自己挑选的就是最合适的，自己挑选的不后悔。
- ▶ 可以购买白色T恤或者白色球鞋，和孩子一起装点它们，让孩子的东

西成为独一无二的。
- 在和孩子一起制作、装点物品的过程中,要征求孩子的意见,了解孩子的喜好。
- 在亲子互动过程中,和孩子讲什么是攀比,告诉孩子攀比是对自己东西的不自信。

3 和孩子沟通,制定相关规则

- 和孩子一起制定相关的规则,例如,不在公共场所无理索取自己想要的东西,不和其他小朋友进行攀比。
- 告诉孩子自己参与挑选、购买的物品,不要轻易丢弃。
- 告诉孩子不抢夺其他小朋友的东西,合理索要,学会说"请""谢谢"等礼貌用语,如果其他小朋友不想和自己分享,再找父母协商解决。

4 父母做好行为示范和教导工作

- 父母不与他人盲目攀比物质条件,为孩子树立榜样。
- 关注孩子的表现,当其出现积极的行为表现时,给予鼓励和表扬,让孩子通过这种方式获得自我肯定,而不是通过炫耀、攀比获得自我肯定。
- 拓展孩子的视野,使其认识到世界之大。带孩子参观博物馆、动物园等,领略、体会世界的丰富性,让孩子不要将注意力局限在吃喝、穿戴或玩具上。

5 避免出现以下不恰当的教育行为

- 当众批评、指责孩子的攀比行为。例如,当众批评孩子:"就知道比来比去,怎么这么争强好胜!"
- 即使超出自己能力范畴,也要满足孩子的攀比心。一旦有一天父母不能满足孩子，孩子就会无比失望，开始怨恨或指责父母。
- 父母做出一些攀比行为，给孩子做了不好的示范。例如，炫耀自己拥有的奢侈品，让孩子觉得只有通过攀比才能获得尊重。

想知道原因吗

4岁左右的孩子出现攀比行为是正常的。攀比行为出现的前提是孩子身边有可攀比的目标对象。孩子在与目标对象比较的过程中感受到自我价值的提升，这也是孩子进行社会比较、提升自尊的开端。父母在感知到孩子自我肯定的需要时，应该在日常生活的小事中毫不吝啬地夸奖孩子，让孩子感知自我存在的价值，获得自我肯定。这会在精神层面给予孩子较大的支持，相比于物质奖励更能够克制孩子的攀比意识，减少他的攀比行为。

我们将孩子出现攀比行为的原因总结在下表里，方便您了解。

孩子出现攀比行为的原因

序号	原因概括	具体分析
1	社会比较心理出现。	攀比行为出现的重要前提是孩子社会比较能力的发展，有了与他人进行比较的能力，才会产生攀比行为。
2	想要获得自我肯定。	有过多攀比行为的孩子自我肯定较少，需要通过攀比来满足获得自我肯定的心理需求。

> **黄金小建议**
>
> 孩子想攀比是其社会性发展的结果。父母与其严厉指责孩子的攀比行为，不如事先制定规则，和孩子一起遵守，为其树立好榜样。孩子是父母行为的镜子，希望孩子不要出现的行为，自己首先要避免出现。

如何应对孩子说"瞎话"

> **名家智语**
>
> 生活本身就是五花八门的矛盾集合——有自然的也有人为的,有想象的也有现实的。
>
> ——印度诗人泰戈尔

孩子到了3岁左右经常说话不着边际。他们会把一件事描绘得天花乱坠,甚至还绘声绘色地颠倒事实。面对说"瞎话"的孩子,父母应该怎么办?

需要做的事情

1 分析孩子说"瞎话"的原因

- ▶ 耐心。父母要认真倾听孩子所讲的"瞎话"的内容,并与孩子进行沟通,让孩子自由地表达想法。
- ▶ 思考。父母还应分析事实,弄清楚孩子说"瞎话"背后的原因。
- ▶ 不慌张。通常情况下,孩子说"瞎话"都是无意的。父母不必紧张,可采用适当的方法对孩子进行教育。

2 共同回忆,提高孩子的记忆力

- ▶ 父母可以采用"生活小事记忆法",选取生活中常见的小事询问孩子,有意识地培养孩子的记忆力。
- ▶ 当孩子因为记忆不准确而颠倒事实或无法正确表达时,父母要帮助孩子回忆,并澄清真实情况。
- ▶ 为方便观察孩子记忆水平的变化,可制作"生活小事记录表"进行记录。
- ▶ 在表格中依次记录询问的生活事件的内容、孩子的回答是否正确、父母帮助回忆后孩子的回答是否正确。
- ▶ 定期总结孩子回答正确的比率（回答正确次数/父母询问次数），分析孩子记忆水平提升与说"瞎话"次数减少之间的关系。

生活小事记录表

生活小事	孩子的回答	共同回忆后孩子的回答
今天在幼儿园和小朋友们做了什么游戏？	○	○
妈妈昨天给你讲了什么故事？	○	√
爸爸明天要带你去哪里玩？	√	

注："√"表示正确，"○"表示错误。

3 把握时机，呵护孩子宝贵的想象力

- ▶ 父母可以借助孩子说"瞎话"的机会，促进其想象力的发展。例如，当孩子不着边际地说"我昨天看见外星人了"，父母可以主动问孩子见到外星人的一些细节，如："外星人长什么样子？外星人和你说了什么？外星人是怎么来的？"
- ▶ 亲子之间"瞎话"式的沟通，有利于孩子想象力与表达能力的发展。

4 敏锐觉察孩子的需求

- ▶ 有些孩子说"瞎话"，其实是在表达他们内心的某种需求。因此，父母需要敏锐觉察孩子的小心愿。例如，当孩子"瞎"说"上周我和爸

爸妈妈去动物园了",父母可以问孩子:"你是想和爸爸妈妈出去玩吗?去动物园都想看什么小动物?"

▶ 父母要耐心细致地询问孩子的想法,并在合理的情况下满足孩子的需求。

5 避免出现以下不恰当的教育行为

当孩子说"瞎话"时,以下教育行为并不能帮助孩子解决问题,甚至会产生不良的教育影响。父母可以对照下表,反思自己的教育行为。

不恰当教育行为及其影响

不恰当教育行为	教育影响
盲目地贴标签	当孩子说"瞎话"时,若给孩子贴上"小骗子""爱胡说"等标签,会让孩子感到委屈。
严厉地训斥	无意说谎是孩子无意为之的一件事,严厉地训斥只会让孩子感到委屈,却不知道哪里做错了。
"无声"地忽视	父母如果缺少与孩子的沟通,就不能了解孩子的需求,导致孩子内心的想法无法得以实现。

想知道原因吗

3岁左右的孩子说出颠倒黑白、无中生有的话极为正常。孩子说"瞎话"属于无意说谎。无意说谎是指孩子不知道自己在说谎,并没有去故意骗人。因此,他们在说"瞎话"时既不会内疚,也不会紧张。下表概括了孩子出现无意谎言的主要原因。

孩子说"瞎话"的原因

序号	原因概括	具体分析
1	想象力快速发展。	孩子的想象力迅速发展,但区分现实和想象的能力弱,因此会把自己的现实生活与想象世界混淆在一起编"瞎话"。

续表

序号	原因概括	具体分析
2	记忆力发展不成熟。	幼儿阶段，孩子经常记不准确。随着孩子记忆力的增强，无意谎言会逐渐减少直至消失。
3	表达内心诉求。	有些孩子的小心愿在现实生活中没有得到满足，他们就会通过说"瞎话"来帮助自己"实现"愿望。

黄金小建议

在孩子说"瞎话"时，父母一定要先用心听，然后结合"瞎话"的性质给出合理的回应和解释。

如何让孩子做事更有计划性

名家智语

计划的制订比计划本身更为重要。

——美国经济学家戴尔·麦康基

4岁左右的孩子会开始根据自己的想法安排事情，有时还不太喜欢大人插手。这时，父母应该如何进行引导呢？

需要做的事情

1 制订日常生活计划，让生活更有条理

父母可以根据家庭实际情况为孩子制订一份日常生活计划，用小图片代替文字（便于孩子理解），并且让孩子参与计划的制订。

▶ 提醒孩子参照计划表，在相应的时间完成每一项事宜。

▶ 当孩子顺利完成后，就在表格中打"√"，如果未完成，就画"○"，当然也可以使用孩子喜欢的小贴纸进行记录。

▶ 在孩子完成的同时，要对孩子进行鼓励，并告诉孩子如何做会更好。

▶ 计划执行一周以后，父母可以与孩子共同制订下一周的计划，逐渐增加计划的难度与复杂性。

日常生活计划表

时间	事项	完成情况	备注
7:00~7:10	起床	√	
7:10~7:30	吃饭	○	

续表

时间	事项	完成情况	备注

2 掌握日常生活中提高孩子计划性的方法

▶ 帮助孩子感知未来，建立现在与未来的联系。例如，告诉孩子："我们今天要早点睡觉，因为明天要早点起床去公园玩。"

▶ 多与孩子进行言语交流。例如，询问孩子："一会儿要做什么游戏（活动目标与内容）？打算怎么玩（活动过程）？"父母的提问能够促进孩子思考。

▶ 鼓励孩子多进行言语表达，多做有关未来的思考。孩子参与计划的制订，有助于其大脑进行相应的思考。

3 避免出现以下不恰当的教育行为

▶ "三天打鱼，两天晒网。"切忌只是"热情一时"，任何良好行为习惯的养成，都需要持之以恒。

▶ 打击孩子的积极性。最初，孩子制订的计划（如列购物清单）可能很没有条理。此时，千万不要"泼冷水"，要经常与之讨论，并对孩子的回答表现得饶有兴致，帮助孩子发展计划能力。

▶ 自己做事缺乏计划性。在日常生活中，父母如果能有条不紊地按计划进行活动，那么孩子也会受到潜移默化的影响。

想知道原因吗

4岁的孩子能够着眼未来，是因为他们的思维已经开始具备计划性。计划性是指个体的行为具有目的性，能够为未来的某一目标而行动。行为的目的性与策略性、思考未来的能力以及自我言语的使用，都能有效促进孩子计划能力的发展。在生理机制上，前额叶皮层掌管个体的计划与调节功能，而前额叶皮层在孩子4岁左右开始迅速发展。因此，这一阶段成人对孩子制订计划的指导尤为重要。

孩子的计划性发展轨迹

年龄	计划性发展情况
9~12个月	能够为一些简单的目的而协调自身行为。
1~2岁	能够在头脑中制订计划，通过不断尝试而达到目的。
2~3岁	能够进行简单的思考，并努力达成目标。
4岁左右	具备思考未来的能力。

> **黄金小建议**
>
> 只有让孩子意识到计划的重要性并坚持思考未来，孩子才会保持良好行为，有计划地去思考、去做事、去生活。

如何让孩子安全、有趣地玩沙

> **名家智语**
>
> 逻辑会把你从 A 带到 B，想象力能带你去任何地方。
>
> ——犹太裔物理学家爱因斯坦

许多父母在带孩子去沙滩玩时发现，孩子一见到沙就走不动，能玩上好几个小时。即使不在海边，在市内的游乐场中，沙子区域的游戏也是小朋友最喜欢的项目之一。孩子为什么这么爱玩沙呢？怎么让孩子玩得安全、有趣呢？

需要做的事情

提供安全的玩沙场所

- 为孩子创设安全的玩沙环境。例如，在海边时，远离海浪较大的区域；在市区游乐场所时，远离嘈杂、脏乱的地方。
- 做好玩沙卫生。在玩沙前，叮嘱孩子不要用玩沙的手揉眼睛，玩沙后用清水冲洗小手和小脚。
- 如果孩子和其他小朋友一起玩沙，要告诉他们注意彼此的安全，不可向对方随意扬沙，以免造成危险。
- 让孩子在使用玩沙工具时注意安全，帮助孩子了解工具的使用说明及操作规则。
- 让孩子在玩沙时，给一起玩沙的小朋友一个微笑。

2 促进孩子想象力和掌控动机的发展

▶ 创造力是智力的核心成分。孩子喜欢玩沙很大程度上是因为沙的可塑性强,能给自己的想象力插上飞翔的翅膀,画出不同的图案,建成不同形状的沙雕城堡。在此过程中,父母可注重孩子创造力的培养,多提问题,如:"宝宝,这画的是什么图案呀?可以给妈妈讲讲吗?"让孩子的思维流畅起来,勇敢地表达自己的创意。如果孩子越来越会玩沙,那他不仅收获了玩沙本身的乐趣,也提高了创造力。

▶ 掌控动机是激发个体以一种专注和坚持的方式,独立尝试解决问题、掌控技能或完成任务的心理力量。在玩沙的过程中,孩子表现出对完成某项任务的高度坚持性,有利于培养孩子的毅力。在此过程中,父母可以与孩子交流感受,如:"好玩吗?沙子软吗?沙子滑吗?"这种交流是为了增强孩子的愉悦感和继续努力完成任务的意愿。孩子从任务的完成中获得自我效能感,从而提高对自我的评价。

▶ 多多鼓励孩子。父母要鼓励孩子发挥想象力,勇于讲出自己的想法,并将想法付诸实践,在自己的小小世界中做个小主人。

3 避免出现以下不恰当的教育行为

▶ 以保护的名义进行阻止。一些父母会担心孩子在玩沙的过程中遇到危险,因此以保护孩子的名义制止孩子进行玩沙活动,殊不知这样做会扼杀孩子的想象力和掌控动机的发展。

▶ 不参与孩子的游戏。在孩子玩沙的过程中,一些父母对孩子放任自流,撒手不管,忽视孩子的安全问题,而且父母不跟孩子一起玩耍,很难体会孩子的快乐,在孩子成长过程中缺失了重要的一课。

想知道原因吗

孩子特别喜欢玩沙，父母对此既担心又好奇。那么，孩子为何喜爱玩沙？我们将主要原因列在下表中，便于您了解。

孩子喜欢玩沙的原因

序号	原因概括	具体分析
1	感觉刺激的需求。	孩子喜欢玩沙是一种正常的现象，玩沙可以满足孩子对感觉刺激的需求。孩子最初是通过感觉和动作认识世界的。当孩子玩沙时，沙子的质感以及所形成的不同形状，都能够为孩子带来丰富的感觉刺激。
2	掌控动机的发展。	掌控动机是指儿童控制环境或任务的内部动力。玩沙可以满足孩子掌控动机发展的需要。随着孩子动作技能的精细发展，他逐渐具有主人翁意识，并乐于去感受这种掌控感。孩子在玩沙的过程中，会体验这种塑造与自我掌控的感受，并感到愉悦。

> **黄金小建议**
>
> 走进孩子玩沙的世界，父母也仿佛回到了童年。当不同年龄的两个"儿童"对话时，您玩的就不是沙，而是一个美妙的"魔方"。

如何引导孩子爱说话

 名家智语

> 不管儿童听到的是哪一种语言,只要他已经获得足够的词汇,就可以通过语言习得机制,将单词组合成新的、受规则限制的言语,并理解他所听到的许多话。
>
> ——美国哲学家诺姆·乔姆斯基

有些孩子不太喜欢说话,回答问题的时候,要么只回答几个字,要么不回答。他们很少主动说话、主动问问题。父母该如何鼓励孩子多说话呢?

需要做的事情

1 提供丰富的语言互动环境

- 多和孩子互动、交流。有了丰富的语言输入,孩子才会有语言输出。
- 家里要常常播放儿歌、童谣等音频。
- 创造更多的亲子阅读时间。亲子共读一本绘本,就故事情节有目的地交流。
- 鼓励孩子多和同龄小朋友一起玩。
- 有时间多带孩子出去旅游,让他接触更多的小朋友,增加说话、交流的机会。

2 科学地帮助孩子发展语言能力

- 和孩子交流的时候,尽量用清晰、明确的语言。孩子学习语言很大程度上靠模仿，好的示范很重要。
- 多问问孩子的感受和想法。这是鼓励孩子说话的有效方法。
- 鼓励孩子用语言来表达自己的感受，而不是用不合理的情绪来表达。有的孩子喜欢通过哭闹来表达自己的不满，有的孩子喜欢用手势来表达自己的意愿，为了更好地发展孩子的语言能力，要鼓励孩子把自己的想法说出来。
- 表扬孩子所取得的每一点进步。例如："能听到你说出自己的想法，妈妈很开心，妈妈抱抱你。"

3 避免出现以下不恰当的教育行为

- 给孩子贴标签。孩子不爱说话、不爱交流，很多父母或者老师会给孩子贴上"性格内向""腼腆"的标签，这样做会让孩子更为敏感、自卑。孩子一旦习惯了这样的评价，就更难改变不爱说话的状况了。
- 以锻炼孩子为由，在不恰当的场合强迫孩子说话。有些父母喜欢让孩子在朋友面前表演诗朗诵等节目，想在公开场合锻炼孩子，殊不知这样做可能会让孩子更加窘迫，在语言表达上更有挫败感并产生恐惧心理。

想知道原因吗

如果孩子一直不爱说话，父母首先要判断孩子是不是患有缄默症。缄默症是指言语器官无器质性病变、智力发育也无障碍而表现沉默不语。缄默症分为两种类型：一类是全面性的，即孩子不管在什么场合都不说话；另一类是选择性的，指孩子因精神因素而在某些社交场合沉默不语。建议带孩子去专业的医疗机构诊断排查。

除此之外，孩子不爱说话可能是由其心理发展特点或性格导致的，父母可以通过下表大致了解一下。

孩子不爱说话的原因

序号	原因概括	具体分析
1	语言发展水平的限制。	幼儿的语言能力随年龄的增长而发展，3岁是幼儿词汇发展的"爆炸期"，但孩子在说话时仍有可能出现词不达意的现象。同时，孩子在发展上存在个体差异，有的孩子受到语言能力的限制而不爱讲话，这是正常的。
2	羞怯的孩子不爱说话。	羞怯是社交退缩的一种表现，即在与新的朋友交往时或者在新异环境下感到焦虑和紧张。羞怯的幼儿因为紧张和焦虑而不愿讲话。

黄金小建议

父母提供的丰富的语言环境，是孩子说话的重要资源和素材。孩子日积月累，再加上父母的鼓励，他一定会喜欢开口说话的。

如何使孩子摆脱说话结结巴巴

名家智语

做一个好听众，鼓励别人说说他们自己。

——美国人际关系学家戴尔·卡耐基

有些孩子在上幼儿园后会突然出现口吃的现象，说话结结巴巴，表达不清楚，在班级里会受到其他小朋友的嘲笑，变得不敢说话了。这种现象让父母非常着急，这该怎么办呢？

需要做的事情

1 确认孩子口吃的真正原因

- ▶ 询问幼儿园老师，了解孩子在园的表现。
- ▶ 观察并记录孩子出现口吃的情形和频率。
- ▶ 咨询幼儿园的心理教师。
- ▶ 前往正规医院或者口吃治疗机构进行诊断。

2 帮助孩子纠正口吃

- ▶ 耐心询问孩子在说话的时候是否有什么事情让他感到紧张、不舒服，并给孩子做出解释。例如，有的孩子会说："我害怕说错，一紧张就会说错。"父母就要跟孩子解释："没关系的，每个人都会犯错，妈妈也会说错，大家不会嘲笑你的，即使大家笑你也是善意的。"
- ▶ 教孩子学会呼吸。口吃的孩子一般在气流和呼吸的协调方面相对于正常的孩子有些困难。孩子的肺活量和呼吸器官的机能是正常的，只不过是说话的时候呼吸紊乱、呼吸方式不当或者发音和呼吸的动力机制出现了问题，才导致口吃。因此，要引导孩子采用符合发音规律的呼吸法，通过训练孩子配合发音的一呼一吸，可能会取得不错的效果。

- 放慢说话的节奏。在和孩子说话时，试着放慢自己的说话节奏，并允许孩子自主把握节奏。
- 让孩子唱出来。在《国王的演讲》这部电影中，为了帮助国王纠正口吃，治疗师建议国王把要讲的话唱出来，取得了不错的效果。建议父母看看这部电影。
- 在家反复练习心理咨询师或者语言矫正医师提供的纠正方法。如果咨询过专业医师，可以把在医院进行的练习迁移到家里进行巩固。

3 用森田疗法缓解孩子的心理压力

- 传输给孩子"不惧怕，不逃避，顺其自然，为所当为"的森田疗法理念。
- 让孩子在紧张和焦虑的时候做深呼吸。
- 将进步和积极的情绪联系起来，孩子每取得一点进步，父母就及时给予表扬和奖励。

4 避免出现以下不恰当的教育行为

- 严厉批评孩子。孩子说话结巴，有的父母不分青红皂白就批评孩子，孩子会很紧张、害怕，说话这件事逐渐成了孩子的负担，甚至会影响到孩子的正常社交。
- 急于求成地纠正孩子。有的父母很担心孩子的结巴纠正不过来，担心孩子日后的交流出现问题，从而产生一种急于求成的心态，大声、严厉地示范，孩子说不好时甚至动手打孩子。这些都不利于纠正孩子口吃。
- 迷信。有的父母迷信鬼神，认为孩子说话结巴是因为妖魔鬼怪上身，就去请"大仙儿"作法驱邪。这种迷信鬼神的想法很荒谬，非常不可取。

想知道原因吗

1977年，世界卫生组织把口吃定义为一种言语节律障碍，在说话过程中，个体确切地知道自己想说什么，但是有时由于不随意的发音重复、延长或停顿，而在表达思想时产生困难。到底该怎么判断孩子是不是真的患有口吃呢？父母要注意区分发展性不流畅和真正的口吃：整词、词组的重复是发展性不流畅，而一个词内部的重复和发音的延长则是口吃。如果孩子说话很快，有无声的停顿，压力下容易受挫，那么父母就要小心了，这表明孩子很有可能出现了口吃。下面我们再来看看孩子口吃的原因。

孩子口吃的原因

序号	原因概括	具体分析
1	可以自愈的发展性障碍。	几乎80%患有口吃的孩子能够自发地恢复语言表达的流畅性，或者孩子在16岁之前接受了言语治疗，也可以恢复。每5个口吃的幼儿中，就有2个幼儿的口吃现象仅出现1~2个月，大部分在进入小学之前口吃现象就自然消失。所以，这种发展性口吃其实是正常现象。
2	模仿别人导致自己口吃。	好多口吃的孩子都是爱模仿的淘气包，身边哪个小朋友说话结巴或一时想不起来要说的词，淘气包就会去模仿这个小朋友，久而久之，自己说话却结巴了。淘气包一时的好奇和调皮捣蛋的小把戏，很有可能成为口吃的罪魁祸首。

> **黄金小建议**
>
> 父母和孩子说话的时候，请放平心态，调整呼吸，用清晰的声音、准确的发音和孩子交流，这对矫正孩子的口吃会有效果的。

如何看待孩子自言自语

> **名家智语**
>
> 思考是我无限的国度,言语是我有翅的道具。
>
> ——德国作家席勒

孩子自己玩的时候总是喜欢自言自语,有时会和手里的玩偶对话,有时会说些大人也听不懂的话,这正常吗?父母该怎么办呢?

需要做的事情

1 观察并评估孩子的自言自语

▶ 判断孩子自言自语的形式。判断他是在自己说话还是在回应谁的命令,如果是后者,那孩子可能患有更为严重的精神障碍。

▶ 留意孩子自言自语的内容。孩子是在讲述一天中发生的事、计划接下来要玩的游戏、讲述最近发生的重大事件,还是在背诵幼儿园里学到的儿歌?

▶ 评估孩子自言自语时的情绪状态。孩子在自言自语的时候,情绪是积极的还是消极的?有的孩子会说:"太棒了!我是个好宝宝!"有的孩子会说:"这样也不行,那样也不行,真笨!"

▶ 询问孩子感觉怎么样。如果从孩子的话语中无法判断他的情绪,就问问孩子:"宝贝,你在想什么呢?你开心吗?"

▶ 询问幼儿园老师孩子的在园表现。如果孩子经常自言自语,甚至影响了正常的人际互动、扰乱了课堂秩序等,父母就要重视起来了。

2 帮助孩子纠正过度的自言自语

▶ 询问孩子，让孩子意识到自言自语这件事。当孩子自言自语的时候，父母不要打断他。当他停止说话之后，父母可以轻声地问："宝贝，你知道刚才发生了什么事吗？你自己在跟自己说话，你知道吗？"

▶ 告诉孩子自言自语这件事可能带来的困扰。例如，对孩子说："宝贝，妈妈很开心听到你把画小狗的过程清楚地说了出来，但是想想看，如果在幼儿园里，大家都在安静地画画和看书，你一直这样说话会不会影响到其他人呢？"

▶ 教孩子想说话的时候"三步走"。第一步，想说话的时候就抿抿嘴唇；第二步，可以用唇语，但是尽量不要发声；第三步，在心中和自己对话。

▶ 让孩子找个说话的伙伴。鼓励孩子想说话的时候可以去找个小伙伴说话。

3 避免出现以下不恰当的教育行为

▶ 禁止孩子说话。有的父母对于孩子自言自语这件事比较紧张，不知道该怎么办，只好"一步到位"，即不让孩子说话。这样的做法不会帮助孩子解决问题，反而会催生一些其他的言语发展、社会性发展问题。

▶ 盲目回应孩子自言自语中的提问。孩子在跟自己对话的时候，有些父母急于通过回应来终止孩子的自言自语，其实倒不如做个细致、耐心的观察者。

▶ 反应过激。孩子在自言自语时，有的父母会大声嘲笑孩子，有的父母会用奇怪的眼神打量孩子，有的父母会直接打断孩子并大声呵斥……父母的这些反应会让孩子不知所措、窘迫、紧张、恐惧，无益于了解真实情况和原因，都是不可采取的过激反应。

想知道原因吗

大多数情况下,孩子自言自语是正常现象。当幼儿发展了符号思维之后,就开始发展语言能力了。我们最熟悉的是外部言语,也就是出声的、与交流对象进行沟通时所使用的言语,当孩子长到两三岁,就开始出现内部言语。孩子自言自语有时是在重复电视上学到的话,有时是在计划自己的游戏,有时是在表达自己的困惑。总之,孩子自言自语是思维的一种表露,属正常现象。一起来看看具体的原因吧。

孩子自言自语的原因

序号	原因概括	具体分析
1	自我中心言语的发展。	学前期的孩子在外部言语充分发展的基础上,产生内部言语,会出现自言自语。自言自语是一种介于有声的外部言语和无声的内部言语之间的过渡言语形式,也称为自我中心言语。
2	游戏言语和问题言语。	幼儿在做游戏的时候喜欢边说边玩,在遇到困难的时候喜欢用语言来表达自己的困惑、思考和惊奇,这两种情况分别被称为游戏言语和问题言语,都是自我中心言语。

> **黄金小建议**
>
> 面对孩子的自言自语行为,父母要学会倾听,做孩子忠实的"听众"。从话语中了解孩子的内心世界,这也是一种很好的沟通。

如何回答"我是从哪儿来的"

> **名家智语**
>
> 好奇心是学者的第一美德。
>
> ——法国科学家居里夫人

上了幼儿园的孩子会突然问:"爸爸妈妈,我是从哪儿来的呢?"这样的问题经常弄得父母措手不及——说实话呢,怕孩子太小了,不适合他;撒谎骗骗孩子,好像也不太好。父母到底该怎样回答孩子的问题呢?

需要做的事情

1 沉着冷静地应对

- 直面孩子的问题。"宝贝,你是从妈妈的肚子里生出来的啊!"孩子还太小,可以不用谈及有关性的话题。
- 从容一些,别紧张。孩子只是问了一个关于生命起源的问题,也许会涉及性。而关于性的话题父母也要从容面对,不要给孩子造成一种"谈性色变"的感觉。
- 补习相关知识。父母如果回答不上来孩子的问题,快快自己找找资料"充电"吧。

2 科学谨慎地回答

- 改变传统思维,进行性启蒙教育。早期性教育对幼儿未来健康人格的发展至关重要。作为新时期的父母,要与时俱进,学会对幼儿进行性启蒙教育，认真回答关于性的问题。

▶ 用孩子听得懂的语言来解答。了解孩子关于性别、性的认知发展阶段，用类比的方法来描述抽象的事情："宝贝，你知道种子能长成大树吗？你在妈妈肚子里的成长也是一样的。"

▶ 巧用绘本、视频等资源。相关主题的绘本和视频能够帮助父母回答孩子的问题，另外，也可以去教育类的网站上找一找合适的图片，来为孩子解答。

▶ 使用正确的术语。不要害怕提及有关生殖器官的词汇，例如子宫、卵细胞、精子等。父母能够正常地讲出这些术语，孩子也会习惯这样的术语表达。

▶ 让孩子了解妈妈的怀孕过程。如果孩子问这个问题的时候，妈妈正好处于孕期，就可以让孩子感受肚子里弟弟或者妹妹的成长，让孩子感受生命的成长过程。

3 避免出现以下不恰当的教育行为

▶ 无视孩子的问题。孩子只是对这个世界感到好奇，"我从哪里来"是个很正常的问题，当孩子即将有个弟弟或者妹妹的时候，就更容易提出这个问题了。

▶ 认为孩子还太小。这样的想法是不正确的。如果孩子能够问出这样的问题，说明他已经长大了，有足够的认知来了解这个问题的真实答案了。

▶ 编造故事骗孩子。很多父母会回答"你是爸爸妈妈从垃圾箱里捡到的""奶奶在拔萝卜的时候拔出来的"等，这样的回答会让孩子对这个世界产生错误的认识，无益于孩子世界观的构建。

▶ 急于终止对话。父母给孩子普及了一点儿知识，孩子也许会更好奇，进行追问。有的父母急于回避接下来的问题就终止对话，这样做并不能让孩子感到满意，反而会促使他去别处探寻该问题的答案。试着把孩子的问题回答完整吧。

想知道原因吗

好奇是孩子的天性，伴随年龄的增长、生理的成熟和思维的发展，孩子会产生更为广泛、深入的好奇心。所以，孩子对自身的探索是正常的。我们来看看下面表格里列举的具体原因。

孩子问"我从哪里来"的原因

序号	原因概括	具体分析
1	对身体的好奇。	2岁以下的婴儿就对自己的身体感到好奇。在小一点儿的时候，他们会动一动胳膊、腿，看看会对周围的环境产生什么样的影响。到大一点儿，他们开始关注自己身体的其他部位，同时对别人的身体产生好奇。
2	性别意识的发展。	2~3岁的幼儿就已经能够告诉成人关于性别的知识，知道并能够正确使用关于性别的标签"妈妈""爸爸"和"男孩""女孩"。2岁半至3岁的孩子几乎都能正确说出自己是男孩还是女孩。伴随性别意识萌发的，还有孩子对稳定性别意识的根源的探寻，就是对第一性征的认识。
3	自我意识的发展。	2岁左右的幼儿关于"我"的认识发生了质的改变。他们开始区分"我"和"他（她、它）"，逐渐认识到自己是一个独立存在的个体，好奇关于"我"的一切问题。所以，幼儿提出各种稀奇古怪的问题，这正是他们在进行自我探索呢。

> **黄金小建议**
>
> 孩子有权利知道自己从哪里来，请不要欺骗孩子，保持科学严谨的态度，用孩子能听懂的语言告诉他"身世"。

— 认知发展 —

如何回答关于死亡的问题

名家智语

懂得生命真谛的人，可以使短促的生命延长。

——古罗马哲学家西塞罗

随着孩子对世界的认知越来越丰富，他们会开始问一些关于死亡的问题。"死是什么意思？""奶奶死了之后会去哪儿？我还能再见到奶奶吗？""死亡，可怕吗？"面对孩子的这些问题，父母是否应该解释？要怎样解释呢？

需要做的事情

如实回答关于死亡的问题

- 当面对亲人死亡时，先调整自己的心情和状态。在和孩子谈论死亡之前，先把自己从悲伤的情绪中调整过来。和朋友聊一聊，适当表达自己的悲伤，都有助于自己尽快走出悲伤。
- 选择合适的谈论时机。找一个孩子情绪缓和的时机和他谈一谈，同时确保自己的情绪是冷静、稳定的。
- 开门见山。例如，直接与孩子说："宝贝，我想和你谈一谈关于奶奶的事。"
- 了解孩子的认知发展水平，使用简洁、清楚的语言向孩子解释。
- 可以在游戏中用角色扮演的方式向孩子解释死亡。
- 用类比的方法解释死亡。例如，用一株植物或者小动物的死亡来解释。

- 向孩子说清楚死亡是不可避免的、自然的终结现象。
- 向孩子解释亲人的死亡带给我们的改变，如："我们再也见不到奶奶了，奶奶也不再会有痛苦或者悲伤。"

2 帮助孩子缓解死亡所带来的焦虑和悲伤

- 鼓励孩子表达自己的感受。让孩子知道表达自己的喜怒哀乐是很正常的一件事，要善于表达自己的感受。
- 安慰孩子。亲人的死亡会带给孩子悲伤和恐惧，让孩子知道他是安全的，还有爸爸妈妈爱着他。
- 帮助孩子保存对亲人的记忆。当孩子思念亲人的时候，拿出过去的照片，和孩子共同回忆亲人和我们度过的美好时光。
- 借助绘本缓解孩子的情绪。《外公》《爷爷没有穿西装》《楼上的外婆和楼下的外婆》等都是很好的关于死亡教育的绘本，绘本中的故事能够很好地缓解孩子的焦虑和悲伤。
- 进行健康、正常的祭奠。让孩子参与到祭奠故去亲人的活动中来，注意关注孩子的感受和表现，在活动中父母缅怀亲人的行动对于孩子是一种正确的引导。

3 避免出现以下不恰当的教育行为

- 自己仍处于悲伤情绪之中就开始和孩子谈论死亡。谈论死亡的时候，孩子会注意到父母的情绪状态，过激的表现会造成孩子对死亡的误解和不必要的恐惧。
- 使用太过委婉的语言。有些父母会用"睡着了""去了一个更好的地方"等言辞来解释死亡，这些会导致孩子对死亡产生误解。
- 用不恰当的说法吓唬孩子。有些父母急于终止孩子的追问，就用可怕的、言过其实的说法吓唬孩子，这样做只会加深孩子对死亡的误解，使孩子产生不必要的恐慌心理。

想知道原因吗

随着孩子感官和思维的发展,他们逐渐产生了新的认识世界的方式。身边的事会让孩子产生各种各样的疑问,包括对死亡的疑问,这属于正常现象。让我们来看一看具体的原因吧。

孩子追问死亡的原因

序号	原因概括	具体分析
1	对亲人的去世表示不解。	亲人的去世,对于幼儿来说像是亲人睡着了,而之后再也见不到了。这对于刚刚掌握客体永久性的幼儿来说是不能够理解的一件事。
2	对大人们的状态感同身受。	5岁左右的幼儿能够理解死亡意味着什么,会从祖辈的去世这件事情上观察到父母的反应,同时幼儿在意识到自己再也见不到死去的亲人之后会产生悲伤的情绪,进而追问死亡的原因。

> **黄金小建议**
>
> 抚慰孩子幼小心灵的同时,郑重、严肃、科学地与他谈论死亡,既是对逝去亲人的尊重,也是对孩子进行的最好的关于死亡的教育。

如何教孩子认准颜色

> **名家智语**
>
> 观察对于儿童之必不可少，正如阳光、空气、水分对于植物之必不可少一样。在这里，观察是智慧的最重要的能源。
>
> ——苏联教育家苏霍姆林斯基

2~4岁的孩子常常在画画的时候分不清楚颜色，有的时候会把灰色说成黑色，在家里穿袜子的时候也会说错颜色，更分不清天蓝色和深蓝色。怎样做才能让孩子认准颜色呢？

需要做的事情

1 寓教于乐：有趣的颜色游戏

▶ 做好玩的颜色游戏。让孩子按自己喜欢的颜色选一支蜡笔，带着孩子去院子里，找到和手中蜡笔颜色一样的东西，加一分，最后看谁找得多。

▶ 进行涂色游戏。找一些只有轮廓没有颜色的图片，打印出来，和孩子一起涂色。记得涂色的难度要循序渐进，下面就分别展示了简单的涂色图案和复杂的涂色图案。

简单的涂色图案

复杂的涂色图案

- 用颜色给食物分类。可以问孩子:"宝贝,黄颜色的水果都有什么啊?""绿颜色的蔬菜都有什么呢?"
- 吃饭前、玩玩具之前,认一认颜色。例如,吃西瓜的时候向孩子提问:"一块西瓜,都有哪些颜色呢?"

2 应用有效的学习方法

- 循序渐进地教孩子认识不同的颜色。孩子更容易记住红色、蓝色、黄色这些简明的颜色,而记住猩红色这样的颜色就困难一些。别越级,慢慢来。
- 准确给物体的颜色命名。例如,用"鲸鱼是蓝色的"代替"蓝鲸"。
- 让孩子重复并鼓励孩子。教给孩子颜色的时候,一边指认,一边说出颜色的名字,让孩子跟着重复,说对了就给予表扬,让孩子更有动力和劲头。
- 巩固学习成果。在生活中让孩子指认颜色,巩固学到的颜色。
- 适当地让孩子展示自己。例如,问问孩子:"宝贝,告诉妈妈你今天穿的什么颜色的裙子啊?好看吗?"

3 避免出现以下不恰当的教育行为

- 从一些复杂的颜色入手。孩子比较容易辨认名字简短、色彩鲜明的颜色,一开始就学习一些复杂的颜色对于孩子来讲是个挑战,容易让孩子灰心。
- 一次教很多颜色,急于求成。有的父母缺乏耐心,拿着28色或64色调色盘教孩子认颜色,完全没有考虑孩子的接受程度,而且学习过程也枯燥无味,无异于让孩子死记硬背。

想知道原因吗

颜色视觉指的是用视觉区分颜色细微差别的能力,也叫作辨色力。如果孩子到了三四岁,仍然不能区分红色、黄色、蓝色、绿色,就要带孩子去专业的机构,测查孩子是否色盲。

太小的孩子认不准颜色是正常的。尽管3个月大的婴儿就已经能够对光波做出反应,能够感知到蓝色、绿色、黄色、红色等不同色调的光,但是能够准确地辨识不同的颜色还要等到3岁的时候。此外,每个孩子在生活中接触到的颜色刺激不同,接受的关于颜色的知识也有多有少,自然在辨色力上会存在差异。我们总结了常见的孩子认不准颜色的原因,请看下表。

孩子认不准颜色的原因

序号	原因概括	具体分析
1	颜色视觉的发展遵循一定规律。	3岁的幼儿还不能很好地区分颜色的细微差别,如浅蓝和深蓝。从4岁开始,幼儿才会发展出区别颜色细微差别的能力。5岁的幼儿能够注意到颜色的明暗度和饱和度。
2	不能描述看到的颜色。	很多时候幼儿能够区分不同的颜色,但是不知道怎么形容出来,尤其对于同一色系中明暗度不同的颜色,例如金黄、橙黄、暗黄、灰黄,幼儿很难将它们说出来。

> **黄金小建议**
>
> 在生活中遇到五颜六色的东西,记得跟孩子一起学一学、认一认,这是很实用、有效的教孩子认颜色的小妙招。

如何提升孩子的记忆力

> **名家智语**
>
> 记忆力是智力的拐杖，记忆力是智慧之母。
>
> ——古希腊哲学家亚里士多德

3岁左右的孩子会出现"健忘"的现象，常常不记得曾经照料他的老人，在幼儿园里学会的儿歌，过了一段时间就唱不出来了。很多父母担心是不是孩子的记忆力出了问题，该怎么办呢？

需要做的事情

1 帮助孩子记住儿歌、字母表

- 在家中的冰箱、柜子、玩具箱等处贴上便利贴，写上要记住的儿歌、字母表等，时刻提醒孩子记忆。
- 由机械记忆"进化"到意义记忆。给孩子讲一讲儿歌的含义，比机械地重复更有益于孩子记忆。
- 采用多种形式辅助记忆。例如，可以给孩子播放儿歌的视频、音频，或制作小卡片作为"提词器"，等等。
- 父母和孩子一同背诵儿歌。父母也参与进来，调动孩子背诵儿歌的积极性。例如，可以对孩子说："咱们一起背，看谁背得又快又准！"
- 适当使用奖励。孩子记住了儿歌，就及时表扬孩子，或者给孩子一个拥抱。

2 帮助孩子回忆过去的事

- 带孩子故地重游。孩子回到曾经待过的地方，能够重拾当时的记忆。
- 用成长中的重要物件给以提示。小时候的玩具、吃饭用的围布、和爷爷奶奶的合影等，都可以成为帮助孩子回忆的重要线索。
- 调动多种感觉通道帮助回忆。让孩子跟爷爷奶奶打电话，听一听他们的声音。让孩子闻一闻小时候用的洗发香波、爽身粉的味道，再尝尝小时候喝的奶粉……人类对气味的记忆是非常牢固、持久的。
- 每逢节日、生日，记得让孩子与家人合影留念，并冲洗或打印出来，放在影集里或者布置一面"成长回忆墙"，珍藏每一份成长的记忆。
- 给孩子讲一讲小时候的故事。对于过去的事，孩子的记忆可能有些模糊了，父母可以用讲故事的方式给孩子讲一讲，让他重拾记忆。

3 避免出现以下不恰当的教育行为

- 情绪急躁。孩子记不住是正常的，父母的急躁反应会让孩子产生紧张和焦虑的情绪，这种负面情绪不利于记忆。
- 扔掉孩子小时候的玩具，删除小时候的照片等。有的父母嫌孩子的东西又多又杂，把属于孩子的东西全部清理掉，这样的做法无异于割断了孩子与过去事件的联系，不利于孩子对事件的记忆。
- 面对孩子的问题，表现得不耐烦。当孩子对过去的事喜欢刨根问底的时候，父母不耐烦的反应、急于应付孩子问题的表现，都不利于孩子对事件的记忆。

想知道原因吗

只要能够排除一些智力发展方面的障碍，那么孩子偶尔记不清事件、记不住儿歌或者字母表都属于正常现象。记忆是伴随着注意和思维发展起来的一种智力，涉及对信息的存储和提取过程。那么，具体是什么原因导致孩子看上去总是记不住呢？我们将原因整理在下面的表格中，您可以了解一下。

孩子记不住的原因

序号	原因概括	具体分析
1	3岁以前的记忆碎片化。	人类最早的记忆一般出现在3岁左右，再往前的记忆只是零散的碎片，而不是连续的事件。年龄越小，孩子对于记忆的材料和场景的加工越少、越粗略，回忆的时候能够提取的线索就少，自然记忆内容就不完整、不准确了。
2	幼儿的记忆过程不够完整、精细。	记忆的过程包括识记、保持、再认或回忆。识记就是对所需记忆事物的识别和编码。保持是把记住的东西在大脑中存储。再认和回忆是记忆的最后环节，是测量一个人记忆力的两种常见方式。背诵儿歌属于回忆，在一堆图片中找出刚才学习过的图片属于再认。幼儿的言语和思维活动还不发达，找不到有效的记忆方式，所以记不住事物。
3	遗忘是正常的。	所需记忆的材料在大脑中保持的这个过程并不是一帆风顺的，还会伴随遗忘现象。幼儿和成人一样，每天面对大量的信息，例如好吃的食物、好看的图画、新的面孔等。要记住新的事物就要不断地重复，没有被反复加工的信息就容易被遗忘。

> **黄金小建议**
>
> 平时父母多教给孩子一些有助于记忆的小技巧，和孩子一起学唱儿歌，不仅有助于孩子记忆力的提升，还能使亲子感情升温。

如何避免孩子过度自信

> **名家智语**
>
> 满招损，谦受益，时乃天道。
>
> ——《尚书·大禹谟》

有的孩子总觉得自己高人一等，见不得别人超过自己，也听不得父母的批评，还常常把自己的错误归咎于他人。对于这种情况，父母应该怎么办？

需要做的事情

1 以挫折训练敲打而非敲垮孩子的小骄傲

▶ 适当地经历些挫折对过度自信的孩子是有必要的，挫折能让他们意识到金无足赤，人无完人。父母要注意在孩子失败后与孩子分析原因，明确以后努力的方向。

▶ 孩子主动尝试有难度的活动时，父母即使预见到可能失败也不要阻止，允许孩子大胆尝试，只要保证安全即可。例如，孩子非要自己拎一袋水果，父母明知道他提不动或提不了多远，也要同意他做。

▶ 孩子遇到难题时，父母不要急于默默地为孩子扫清障碍，要让孩子意识到困难的存在，并试图解决问题。例如，孩子主动摆放碗筷却把碗打碎了，父母不要急忙收拾残局，掩盖困难，可以借此教孩子如何处理。

▶ 父母可以在益智游戏中为孩子设置难度逐渐加大的任务，让孩子体验失败，认识到自己的不足。例如，孩子擅长玩拼装玩具，父母可以给孩子提出难度较大的拼装要求，如更快地拼好或不看图纸拼装。

▶ 父母可以让孩子多和稍大一点儿的孩子一起玩。大一点儿的孩子总是有更多想法，行动力也更强，可以让过度自信的孩子发现"人外有人，天外有天"。

2 多夸努力，少夸能力

- 表扬也是有讲究的，恰当的表扬不仅是对孩子当前行为的肯定，更能激励孩子今后有更好的行为表现，而不恰当的表扬很可能适得其反。
- 夸奖孩子在活动过程中的努力，如勇于探索、发现新玩法、尝试解决问题等，孩子会更加关注活动的过程以及过程中的收获和乐趣，也会在日后的活动中更努力、执着、乐观，而非仅仅在乎活动的结果。
- 对于过度自信的孩子，父母在夸奖之后要提出更高的要求，指出孩子有待进步的地方。父母的期待是孩子进步的空间。
- 不要经常表扬孩子的能力，如聪明，强调能力会使孩子忽视努力的过程。

3 批评要对事不对人

- 批评是与表扬相呼应的另一种评价方式。父母一定要慎用批评，因为孩子非常重视成人的评价，一旦批评总是指向人而非事，孩子会怀疑自己的能力和品质。
- 孩子做错事时，即使是小错误，父母也不要忽视和回避。父母要及时地指出孩子具体的错误行为，帮助孩子做正确的归因，让孩子意识到自己的错误并改正错误，以避免小错酿成大错。
- 批评并不是否定孩子，如果对孩子说"你真是个坏孩子"，会让孩子觉得自己不是好孩子，而不是关注自己做了错事，同时，孩子会害怕再次被否定而不敢轻易尝试，很难从解决问题的角度把事情做好。

4 避免出现以下不恰当的教育行为

- 只夸奖不批评。只夸奖而不舍得批评孩子，会让孩子只为自己的优秀扬扬得意，根本意识不到自己的不足。
- ▶ 过度表扬。成人的过度表扬掩盖了孩子的真实水平，言过其实的赞美让孩子无限放大自己的优点，很难客观评价自己。
- ▶ "中心人物"待遇。亲朋好友聚会时，父母常常把孩子作为活动的焦点，这会让孩子觉得自己是最重要的，应该被特殊对待。

想知道原因吗

孩子在18~24个月时，能够认识到自己是一个独立的个体。自我认识的出现和发展为过度自信的产生提供了可能性。我们将孩子过度自信的原因总结在下表里，方便您了解。

孩子过度自信的原因

序号	原因概括	具体分析
1	以自我为中心的思维特点。	5岁前，孩子的自我中心性都较为严重，他们以自己的方式感知和解释这个世界，对自我的评价也是以自我中心的积极评价居多。
2	父母的过度表扬。	孩子对自己的评价主要依据重要他人的评价，尤其是父母的评价。父母不切实际的表扬会导致孩子自我评价过高。
3	难以区分自己想拥有的能力和实际拥有的能力。	幼儿的大脑额叶发展不够成熟，所具有的认知能力不能帮助他们区分幻想与现实，容易产生不现实的积极自我意象。

黄金小建议

对于过度自信的孩子，父母尤其要慎用表扬，多夸努力，少夸能力，夸奖之后要提更高的要求，期待可能比表扬更有效。

如何让孩子提高自信

> **名家智语**
>
> 人们对其能力的自信心会对其能力的发挥产生巨大影响。能力不是固定资产,弹性极大,关键是怎样发挥它。
>
> ——美国心理学家班杜拉

有的孩子,如果让他单独做什么事,他总是说"我不会""我不行"。这时,父母该怎么办呢?

需要做的事情

1 创造"身体力行"的机会,让孩子获得直接的成功经验

- 孩子自信心的来源是成功经验的获得,他只有真的能够做到某事,才会相信自己可以做到。所以,积累成功经验才能让孩子由内而外地自信起来。
- 让孩子多做一些力所能及的事情,如饭前分发筷子、帮忙洗水果等,并及时给予表扬。值得注意的是,表扬要基于孩子的具体表现,让孩子知道什么事情是自己能够做好的。
- 根据孩子动作技能的发展水平,选择合适的游戏,让孩子从动作经验中获得掌控感和胜任感,因为动作更有可能通过努力或练习习得。例如,对男孩来说,球类游戏就是不错的选择。

2 巧用"事故现场",帮助孩子重拾信心

▶ 失败在所难免,当孩子没有顺利完成某事时,父母可以告诉孩子如何应对,并协助他解决麻烦,让孩子不会因此否定自己的能力。例如,在倒水时,孩子把水洒在地上,甚至摔碎了杯子,父母可以微笑着告诉孩子:"没关系,我们一起用扫帚把玻璃扫起来,然后用抹布把地上的水擦干净。"待收拾好"事故现场"后,父母要指导孩子重新倒一杯水:"慢慢地倒水,不要太多,然后小心地把水端过来,轻轻地放在桌子上。"

3 设置"挑战",强化孩子解决问题的能力

▶ 在孩子能够熟练地解决简单问题后,加大任务难度,锻炼孩子解决更复杂问题的能力。父母可以选择孩子常玩的游戏,以拼图为例,为孩子准备难度逐渐加大的拼图任务,并观察孩子的活动过程。
▶ 如果孩子游戏进展顺利,及时表扬他。
▶ 如果孩子陷入困境,鼓励他继续尝试,必要时可以给孩子一点儿提示。
▶ 如果孩子成功完成拼图,表扬他在拼图过程中的努力、使用的好方法,强调征服挑战的乐趣。
▶ 如果孩子失败了也没关系,父母可以引导他分析失败的原因,一起想解决的办法,鼓励孩子再次尝试之前未完成的挑战。

4 榜样总动员,给孩子正确的示范

▶ 榜样为孩子提供了间接的经验,让孩子不用亲身实践也能了解某个行为的结果,孩子可以学习好的行为经验,而避免坏的行为。
▶ 让孩子选择身边的小哥哥、小姐姐或者动画片、图画书中的卡通人物作为榜样,看看他们是怎样解决那些小难题、小麻烦的,引导孩子向

榜样学习。
- 父母的榜样作用更重要，尤其是爸爸要为男孩做好榜样。爸爸的陪伴让孩子更容易感受自己的力量，从而获得对自己能力的肯定，也就是自信。尤其对于男孩子，爸爸的评价、引导、暗示等，显得更为重要。比起妈妈，爸爸的优势是可以陪男孩体验丰富的活动，完成各项游戏、运动或挑战，让孩子感受"这是我做的！""我可以做到！"自信心也就悄然建立了。

5 避免出现以下不恰当的教育行为

- 强迫孩子做某事。父母的强迫会加重孩子的心理负担，使孩子焦虑不安，进而影响孩子的表现，不满意的表现又将直接挫伤孩子的自信心。
- 不允许孩子犯错。父母在孩子表现得不尽如人意的时候唉声叹气，甚至直接批评、打骂，使得孩子没有信心再一次尝试。
- 消极比较。有的父母会经常说："你看某某做得多好，你怎么就不能像他那样做呢！"这不但起不到激励的作用，反而会让孩子觉得爸爸妈妈不爱自己了，自己不如其他的小朋友。

想知道原因吗

孩子做事退缩，与自我效能感有关。自我效能感是指个体对自己是否有能力去完成某件事的确信程度，可通俗地理解为自信心。自我效能感高的孩子更乐观积极，愿意迎接挑战，会勇敢地尝试看似不可能做到的事情；而自我效能感低的孩子容易畏缩不前，轻言放弃，即使自己有能力，也难以正常发挥出来。

我们将孩子不自信的原因总结在下表里，方便您了解。

孩子不自信的原因

序号	原因概括	具体分析
1	缺少成功的经验。	孩子没有成功做某事的经验，不知道如何完成任务，因此迟疑不前。
2	退缩胆怯，但又渴望被认可。	一些失败的经历使得孩子产生挫败感，如果没有及时得到疏导，孩子的挫败感可能就会泛化到他对其他事件的态度和行为上。但是，孩子又总是满怀希望，想要得到关注，试图证明自己。
3	父母的消极评价。	父母的消极评价会使孩子认为自己什么都做不到，自己不如别人，从而失去自信心。

> **黄金小建议**
>
> 为孩子创造"身体力行"的机会，让孩子不断积累成功的经验，告诉孩子"你能行"远不如让他相信自己"我能行"。

如何理解孩子的自我中心

> **名家智语**
>
> 儿童的行为，出于天性，也因环境而改变。
>
> ——文学家鲁迅

3岁左右的孩子，常常喜欢把自己看到的、喜欢的东西"占为己有"，不顾及他人的想法，想当然地按自己的想法"为所欲为"。面对这种情况，父母应该怎么办？

需要做的事情

1 自我中心是幼儿稚嫩的"小逻辑"

- ▶ 幼儿和父母的思维存在着质的差别：幼儿在思考问题时，一切都是从自己的观点出发，还不能站在别人的立场去思考问题。
- ▶ 幼儿不会一直停留在自我中心的状态，他们会逐渐学会区分自己和他人，了解自己和他人的关系，摆脱刻板的自我中心思维。
- ▶ 一方面，父母要接纳孩子固有的自我中心思维；另一方面，父母可以适当引导孩子设身处地理解他人的想法、情感和行为等。

2 让孩子在游戏中发现"我"与"你"的不同

- ▶ 年幼的孩子会以为所有人的想法都和他一样，意识不到他人有不同的想法。因此，父母要引导孩子发现这一现象。
- ▶ 角色扮演游戏。把孩子喜欢的绘本故事变成角色扮演游戏，父母和孩子分别扮演故事中的角色，运用启发式问题，如："小熊维尼会怎么做呢？""他会把陶罐放在哪里呢？"引导孩子站在主人公的角度思考问题。

▶ 照镜子游戏。父母和孩子面对面，孩子伸出右手后，问孩子："妈妈该伸哪只手呢？"如果孩子起初不能做出正确的判断，可以带孩子坐在镜子前，先观察，再模仿，"不同"很快就会浮出水面了。

3 尊重孩子的自我中心，不强迫孩子分享

▶ 孩子由自我中心所引起的不愿意分享，常常被父母误解为无理、自私、霸道，父母总是急于纠正，甚至强迫孩子分享。事实上，年幼的他们只是还不能站在其他小朋友的角度来考虑，需要父母稍加指引。

▶ 父母先要明确地告诉孩子："玩具是你的，你来决定。""小伙伴玩完后，他会把玩具还给你。"孩子明确了"东西是我的"以后，才会考虑要不要分享。

▶ 接下来，询问孩子的意愿，并鼓励孩子分享自己的玩具，可以建议孩子们交换或轮流玩玩具。

▶ 如果孩子依然不想分享，可以问问孩子："如果小伙伴不让你玩他的玩具，你会开心吗？"

▶ 事后，父母可以和孩子聊聊分享玩具的感受，如："今天你把玩具分享给其他小朋友玩，你们玩得开心吗？""小伙伴把好吃的分给你，你高兴吗？"引导孩子从自己和对方的角度考虑分享。

4 避免出现以下不恰当的教育行为

▶ 批评孩子自私、无理。例如，对孩子说："你怎么这么小气！"父母不明就里的指责会伤害孩子。

▶ 强迫孩子分享。孩子不明白分享的意义，感受不到分享的乐趣，父母的强迫给孩子带来压力，会让孩子更加抵触分享。

▶ 过分宠溺孩子。例如，告诉孩子："这些都是你的。"家里的吃穿用度都以孩子为中心，会加重孩子的自我中心感。

想知道原因吗

年幼的孩子表现出自我中心思维是正常现象。在幼儿阶段，孩子的自我意识开始萌芽，加之言语和动作技能的发展，他们开始把自己从环境中分离出来，从自己的角度观察和描述事物。但是，他们以为世界就是自己所看到的样子，而无法理解别人有着与自己不同的视角。

心理学家皮亚杰最早提出"自我中心性"的概念。他认为，0~2岁的孩子处于极端的自我中心状态，他们还不能把自己的身体与外部世界分离开来。而2~7岁的孩子开始能够把自己与其他事物区分开来，但是还不能从他人的角度观察世界。随着人际交往的增加，孩子的自我中心问题会逐渐得到改善。

> **黄金小建议**
>
> 在孩子很小的时候，他的世界很小，小到考虑了自己就无暇顾及其他。父母可以在游戏或故事中向孩子传递从别人的角度思考问题、分享等观念。

如何培养孩子的注意力

> **名家智语**
>
> 一项工作能否吸引儿童的注意，不在于这项工作本身的特征，而在于它能为幼儿提供多少活动的机会。
>
> ——意大利教育家蒙台梭利

孩子常常前一分钟还吵着要画画，可是刚画了几笔就转头去玩小汽车了；没过几分钟，又被窗外小鸟的叫声吸引过去了。孩子做事不专心，应该怎么办？

需要做的事情

1 根据孩子的注意偏好提供适宜的刺激

- ▶ 不同年龄段的孩子会有不同的注意偏好，父母为孩子提供他喜欢的物品和活动，更能吸引孩子的注意。
- ▶ 1岁以前的孩子偏爱人脸、活动的物体，以及可以吮吸、抓握的物体。母亲等主要抚养者的表情和动作能有效地吸引孩子的注意力，建议父母与孩子多些亲密互动。
- ▶ 1岁以后，孩子的言语能力逐渐发展起来，孩子的注意开始集中于语言的使用上，父母可以多和孩子交流、陪孩子进行亲子阅读。
- ▶ 3岁以后，孩子的注意力和兴趣会更多地投入到身体活动中。父母可以为孩子提供丰富多彩的活动，支持他们主动地探索世界。

2 各种感官齐助力

▶ 注意力的培养常常要借助其他能力的训练，综合多种感官刺激的活动更能调动孩子的积极性、吸引孩子的注意力。
▶ 孩子通过用耳朵听、用眼睛看、用嘴巴说、用肢体触碰来集中注意力，例如，看绘本听故事、边唱边跳学儿歌、看图识字等。

3 让孩子自己选择玩具或游戏

▶ 孩子因为兴趣而关注某项活动进而专注于这项活动，所以父母要把选择活动的权利交给孩子。
▶ 让孩子自己选择喜欢的玩具或读物，每次只选一样，过多的玩具反而会分散孩子的注意力。
▶ 孩子很难在一个游戏或玩具上专注很久，当孩子玩腻的时候，父母可以引导孩子发现一个玩具或游戏的新玩法，这样既能维持孩子的注意力，也能够发展孩子的创造力。

4 在游戏中提高注意的持久性

▶ 游戏是幼儿最重要的活动，孩子在游戏中总是兴趣满满、全情投入，而兴趣和投入正是其注意力发展的关键。
▶ 观察昆虫活动。外出活动时，陪孩子观察昆虫的活动情况，了解大自然的奥秘，如观察蚂蚁搬食物、蜜蜂采蜜，带个放大镜会更有趣。
▶ 找不同。让孩子玩纸质版的"找不同"游戏，以避免电脑上的游戏损害孩子的视力。让孩子寻找两幅画中不同的地方，也可以和孩子一起玩，比比谁找得又多又快。
▶ 玩多米诺骨牌。孩子一个挨一个地摆放多米诺骨牌而不碰到它们，既能培养注意力，也能发展精细动作。对于大一些的孩子，可以加大游戏的难度，让他按一定的规则摆放，如按红黄蓝绿的顺序依次排列。
- ▶ 迷宫游戏。告诉孩子："小兔子迷路了，我们帮它找找回家的路。"

5 避免出现以下不恰当的教育行为

- ▶ 期望过高。期待孩子持续注意的时间超出孩子的能力范畴，或者要求好动的孩子与生性沉静的孩子注意时长一样，都是不切实际的。
- ▶ 打断孩子的活动。鲁莽地打断孩子、着急地予以"纠正"或让孩子停下活动去吃水果等，都会导致孩子的持续注意时间变短。
- ▶ 催促。父母的催促打乱了孩子原本的节奏，孩子会因为着急而草草了事，心思不再集中于活动本身而是如何尽快结束，活动的乐趣也随之消失。
- ▶ 陪伴时心不在焉。父母心不在焉的陪伴会让孩子感到父母在敷衍自己，孩子也很难专心地投入活动，长此以往孩子也将学会敷衍了事。

想知道原因吗

"三心二意"是婴幼儿时期（0~6岁）的孩子普遍存在的现象。孩子能否集中注意力、有定力地做一些事，主要取决于孩子注意品质的发展，注意品质包括注意的稳定性、注意范围、注意的分配和注意的转移。其中，注意的稳定性，是指在同一对象上或同一活动中注意所能持续的时间。持续的时间越长，稳定性越高。注意范围也叫注意广度，是指在同一时间内能清楚地把握对象的数量。注意的分配，是指在同一时间内把注意指向不同的对象与活动。注意的转移，是指根据任务能够把注意力从一个对象或一种活动转移到另一个对象或另一种活动中去。这些注意品质都有一定的发展特点，让我们一起来看看吧。

幼儿注意品质发展的特点

序号	注意品质	发展特点
1	注意的稳定性	注意的稳定性随着年龄的增长而发展。3岁幼儿只能集中注意3~5分钟，4岁幼儿能集中注意10分钟左右，5~6岁幼儿能集中注意15分钟左右。
2	注意范围	幼儿的注意范围会随年龄增长而扩大。例如，小班幼儿一般只能注意到火车的颜色、轮子等和汽车不一样的特征，中班幼儿能注意到火车上忙碌、拥挤的乘客，大班幼儿就能够注意到火车、轮船为什么会前进的问题。
3	注意的分配和转移	3岁左右的幼儿游戏时只能注意到自己手头的活动，顾不上关注别人，4岁的幼儿就可以和小朋友一起做游戏了，5~6岁的幼儿能参加复杂的集体游戏。随着年龄的增长，幼儿注意转移的能力也在发展，转移的速度会变快。

> **黄金小建议**
>
> 父母可以引导孩子做些自己喜欢的事情，孩子全情投入，沉浸其中，这是最自然的培养注意力的方法。

如何提高孩子的自制力

> **名家智语**
>
> 自制力宛若受到控制的火焰,正是它造就了人才。
>
> ——美国学者罗伊·L.史密斯

3岁左右的孩子看到好吃的、好玩的,常常会立马冲过去,还不太能够控制自己的行为,很少能为了之后更大的奖励而耐心等待。这时,父母应该怎么办?

需要做的事情

1 延迟满足孩子的需要

- ▶ 当孩子提出愿望时,父母不要立刻满足,可以适当延长孩子的等待时间,让孩子在等待中逐渐提高自控力。
- ▶ 孩子想吃冰激凌的时候,父母可以告诉孩子:"刚刚吃完饭,吃冰激凌会肚子疼,一个小时后再吃,我们定个闹钟,闹钟一响我们就去拿冰激凌。"
- ▶ 孩子想要一个玩具时,父母可以告诉孩子:"这个玩具太贵了,妈妈现在没有那么多钱,等下个月你过生日的时候我们再来买。"
- ▶ 孩子起初可能会拒绝等待,甚至大发脾气,父母可以用孩子感兴趣的其他事情转移他的注意力。

2 在游戏中培养自制力

- 孩子的自制力通常比较弱,绝非轻易就能塑造的。孩子喜欢各种各样的游戏,因此在游戏中培养自制力是个自然且有效的办法。
- 做西蒙说游戏。游戏的主要规则就是父母说指令,孩子做动作。
- 对于年龄小的孩子,父母可以发出简单的指令。例如,父母说"举起左手""举起右手"或"摸你的鼻子""摸你的耳朵",孩子做相应的动作。
- 对于年龄稍大些的孩子,父母可以发出复杂些的指令。例如,父母说"1"代表"摸耳朵","2"代表"摸鼻子",父母说数字,孩子做相应的动作。
- 待孩子完全熟悉规则后,父母要改变游戏规则,如父母说"举起左手"后,孩子应该克制举起左手的惯性,举起右手,而父母说"摸你的耳朵"就代表孩子要摸鼻子。
- 建立规则和改变规则的游戏过程,能够锻炼孩子短时间内加工和记忆规则、灵活转换动作、抑制冲动和惯性的能力。

3 立规矩,做计划

- 在孩子的日常活动中,父母要在事前说明规则,陪孩子提前做好规划。这样能够让孩子知道在什么时间该做什么事情、不该做什么事情,有助于孩子克服冲动,提高自控力。
- 制订每天的日程安排,让孩子在特定的时间完成相应的活动,如起床后马上穿衣、洗漱等,使孩子逐渐养成有规律的作息习惯。
- 建立家庭规则,如明确要求全家人饭前便后洗手等,家庭成员互相监督和提醒,形成健康的生活习惯与和谐的家庭氛围。
- 对于孩子喜欢的游戏或力所能及的事情,如玩拼图、收拾玩具,父母可以让孩子说说打算先做什么后做什么。

▶ 出行前，父母可以与孩子一起计划行程，并且提前向孩子说明能做的和不能做的事情。

4 避免出现以下不恰当的教育行为

▶ 承诺之后却不兑现。如果父母要求孩子等待，但在孩子做到后并没有满足孩子的愿望，孩子会觉得延迟满足是父母的骗术，下一次他们不会再等待，而是要求父母马上满足自己。

▶ 要求孩子无条件服从。如果父母不考虑孩子的意愿，直接压制孩子的愿望，孩子可能表面上服从，但这只是被动的克制，而不是自制，孩子会因此积累大量的负面情绪。

▶ 父母自己打破或随意改变规则。父母常常要求孩子早睡早起、不玩手机，但是自己却熬夜、赖床、玩手机。在孩子看来，父母不遵守规则，自己也没有必要遵守规则。另外，如果父母随意改变已经建立的规则，孩子会觉得规则并不是固定的，自己也可以任意变更规则。

想知道原因吗

自制力是通过抑制直接的、短期的欲望而控制冲动性行为的能力。幼儿的自我控制主要表现为抵制诱惑、控制冲动和延迟满足。总的来说，幼儿的自控能力较弱，但会随着年龄增长而发展。具体来讲，3岁前，孩子对行为缺乏思考，冲动性强；3~5岁是孩子由他控到自控的重要转折期，孩子逐渐克服冲动性，学会控制自己的行动。

我们将孩子缺乏自制力的原因总结在下表里，方便您了解。

孩子缺乏自制力的原因

序号	1	2
现象	冲动性强，控制性差。	难以抵制诱惑，追求即时满足。
生理原因	前额皮层和神经纤维的髓鞘化处于发展阶段，孩子的皮质兴奋机制强于抑制机制，不能有效地抑制自己的行为。	眶前额叶发展不完善，导致孩子很难做出涉及奖赏物的决策，难以放弃即时的满足而等待之后更大的奖励。
家庭原因	父母太过专断，不给孩子提供自我控制的机会，或者太过冷漠、忽视的教养态度，都会削弱孩子的自我控制能力。	父母的拒绝和惩罚行为过多，孩子会依赖成人的奖惩而习惯于外在的控制，父母不在场时，孩子延迟性自我控制较差。

> **黄金小建议**
>
> 　　如果孩子在3岁时能够用20分钟的等待换来两倍的糖果，那么10年或20年后，孩子更有可能耐着性子，付出更多时间去做事，直到成功。

如何对待孩子的"无所畏惧"

> **名家智语**
>
> 有了光明与黑暗的均衡节奏，有了儿童生命的节奏，才显出无穷无极、莫测高深的岁月。
>
> ——法国文学家罗曼·罗兰

当孩子处于2~4岁这个阶段时，父母可能会发现他变得"无所畏惧"，如爬高、玩危险物品等。总之，不让他做什么，他偏要做什么。这时，父母该怎么办呢？

需要做的事情

1 父母应该重视以下几点

▶ 布置安全的生活环境。为孩子创设一个相对安全的环境是父母对孩子进行安全教育的一个重要前提，如家里的刀具、药瓶、插座、玻璃制品等一定要放在高处，或用东西包裹着，以确保孩子无法接触到，减少安全隐患。

▶ 让孩子在生活中体验"疼痛"。既然孩子无法理解抽象、概括的安全教育知识，那么父母就需要改变策略——让孩子亲身经历：抓着孩子的小手轻轻触碰有尖角的实物（如牙签），让他感觉到疼痛，然后趁热打铁，告诉孩子要远离尖尖的东西，否则就会疼痛，甚至流血。

▶ 利用突发情况加深孩子的认识。例如，孩子趁父母不留神爬高，结果摔了，疼得哇哇大哭，父母在确保孩子没有受伤并安抚他的情绪后，及时给孩子"上课"，让他记住这次经历，知道随心所欲是要付出代价的。
▶ 借助工具，一起学习。父母与孩子一起看安全教育绘本或动画片，讨论哪些事物和行为是危险的。过几天，父母可以考一考孩子知道的危险行为和事物，让孩子在互动过程中学习安全知识，提高安全意识。

2 制作"'疼痛成长'记录表"

父母总是会因孩子记不住疼痛而烦恼，所以父母可以将孩子的疼痛经历以文字和图片的形式记录下来，经常拿出来给孩子看，让其记忆深刻。
▶ 父母记下孩子的"无畏"行为（干了什么，反应如何）。
▶ 记下孩子对自己行为的评价和感受（害怕/不害怕，对/错）。
▶ 记下父母的应对策略（父母是如何处理当时的情况的，又给了孩子什么样的教育）。
▶ 定期进行"疼痛总结"。

"疼痛成长"记录表

日期	"无畏"行为	孩子的"疼痛"	父母的应对策略	总结
3.8	孩子爬高。	不慎摔下，脑袋磕了一个大包。	立即检查并帮孩子处理伤处，待孩子情绪稳定后利用绘本和孩子一起了解独自爬高的危险。	

3 避免出现以下不恰当的教育行为

- ▶ 过多的抽象教育。这一年龄段的孩子认知发展水平还较低，对抽象概念的理解较为困难，抽象的大道理对他们而言是没有太多意义的。例如，只是告诉孩子不能碰电器，不能玩火，孩子可能不太理解，要使用具体的图片或者视频让孩子清楚什么能做、什么不能做。
- ▶ 一味地"捧在手心"。现在很多家庭中，六个大人围着一个孩子转，对孩子的宠爱程度可想而知。孩子总是被家长"捧在手心"，不知道安全常识，也没有安全意识。
- ▶ 一朝被蛇咬，十年怕井绳。一旦孩子受伤了，父母就坚决不让孩子再靠近一切危险源。这种做法很可能会让孩子变得懦弱，遇到困难立即退缩。

想知道原因吗

生活中，孩子似乎"天不怕地不怕"，什么都敢碰，什么都想摸一摸，完全没有防范危险的意识。孩子的每一次无心之举，都让大人提心吊胆，只要稍不注意，就会出现各种状况。孩子如此是因为：首先，年幼的孩子对世界充满好奇心和探索欲，但是他们的认知水平较低，触碰成为他们认识世界的主要手段，不免会出现安全问题；其次，年幼的孩子缺乏必要的生活经验，缺少自我保护技能，这给他们的成长带来很大的安全隐患。

我们将孩子"无所畏惧"的原因总结在下表里，希望对您有所帮助。

孩子"无所畏惧"的原因

序号	原因概括	具体分析
1	认知水平有限。	这个阶段的孩子处在具象认知阶段，难以理解抽象的逻辑解释。他们依赖实物、动作认识世界，大人口中的"危险"，他们是无法体会的。再加上孩子缺乏相关经验，所以"无畏"就变得"理所当然"。

认知发展

续表

序号	原因概括	具体分析
2	自我控制能力差。	这个阶段的孩子自我控制能力较差，父母越是不让做的事，他们越觉得有吸引力。他们常常无法抵制"诱惑"，做出危险的行为，毫无安全意识。
3	好奇心"作祟"。	这个阶段的孩子充满创造性和好奇心，周围世界在他们眼中是全新的，他们想去碰一碰、舔一舔……，这些盲目的探索过程是新奇和充满惊喜的，当然危险也伴随其中。

黄金小建议

父母要帮助孩子认识"疼痛"，但不要让它成为孩子前行的枷锁，成长过程中的磕磕绊绊也是重要的经历。在放手让孩子勇敢做事的同时，也要引导他们认识危险。

如何应对孩子喜新厌旧

> **名家智语**
>
> 我们发现了儿童有创造力,认识了儿童有创造力,就须进一步把儿童的创造力解放出来。
>
> ——教育家陶行知

"为什么3~6岁的孩子总是喜新厌旧呢?刚买的玩具,孩子爱不释手,但是过不了两天就将其扔在一边,再也不想碰了。一旦看到别的孩子手中的玩具,他就眼馋,甚至会去抢。"许多父母都会面临这样的困惑,那么到底该怎么办呢?

需要做的事情

1 理解孩子,为他选择合适的玩具

- ▶ 端正心态。3~6岁的孩子极易受新异事物的吸引,但是又极易失去兴趣和耐心。喜新厌旧是这个年龄段孩子正常的行为表现。
- ▶ 玩具一定要符合孩子的年龄和兴趣。在买玩具的时候,父母要征求孩子的意见,让他自己选择。这样父母不但能给孩子更多的表达机会,进一步了解孩子的兴趣爱好,还能够减少孩子喜新厌旧的行为。

2 和孩子一起玩,增加玩耍的乐趣

- ▶ 教孩子学会玩、陪孩子一起玩。对于年龄偏小的孩子,父母最好陪着他一起玩,在玩的过程中引导孩子去发现、去创造(如搭积木,可以搭高塔,也可以搭长城),不但能减少孩子喜新厌旧的行为,还能提

高孩子的认知水平、动手能力以及想象力。
- 让孩子与同伴交换玩具，体验新鲜感。3~6岁的孩子经常会抢玩具。遇到这种情况，父母先让孩子自己去解决问题，如果孩子之间解决不了，父母可以给予适当指导：让孩子跟小朋友道歉，然后拿自己的玩具跟对方交换玩，体验新鲜感。
- 锻炼孩子的注意力。注意力水平低是孩子喜新厌旧的一个重要原因，所以父母在日常生活中有意识地对孩子进行注意力的训练是非常必要的。和孩子一起玩拼图、练字或下棋，都是非常好的注意力训练活动，同时还能让父母和孩子享受亲子沟通的乐趣。

3 避免出现以下不恰当的教育行为

- 盲目跟风。现在市面上各种儿童玩具令人应接不暇，家长往往会失去自己的判断能力，流行什么买什么，看别人家的孩子玩什么买什么，完全不考虑孩子的喜好和特点，结果只能换来孩子的喜新厌旧。
- 放任孩子，随心所欲。父母只是一味地满足孩子的要求，从不思考背后的原因。
- 做高高在上的旁观者。在孩子玩的时候，很多父母都选择做旁观者，这其实浪费了很多陪伴的时光，失去了教育孩子的机会。

想知道原因吗

生活中，父母总会发现孩子拿到新玩具简直就是如获至宝，甚至睡觉都搂着，但是新鲜劲儿一过，不是"使坏"，就是"不理"。而孩子见到橱窗里或别的小朋友手上的玩具就立马想要，这个喜新厌旧的毛病常常让父母又生气又哭笑不得。其实，这种现象是个体成长过程中普遍存在的，因为孩子年龄小，心智发育还不成熟，新鲜事物更能吸引他们的目光，因此一件玩具若不能玩出新花样，孩子很快就会感到无聊，进而"移情别恋"。另外，孩子以无意注意为主，对事物的专注力和耐心十分有限。这些心理发展特征使幼儿容易喜新厌旧，父母不需要过分烦恼。

在下面的表格中，我们将孩子喜新厌旧的原因进行了总结，希望能帮助您更好地理解孩子。

孩子喜新厌旧的原因

序号	原因概括	具体分析
1	"习惯化"现象。	刺激重复发生而产生的结果单一，最终个体对这种刺激（如一种玩具）的反应减弱或消失的现象被称为"习惯化"。这种现象非常贴切地解释了孩子的喜新厌旧行为：一件新玩具对于孩子来说是一种新异的刺激，但是玩具不断出现在孩子的视野中，而孩子没有发现它的新玩法或新特点，这种新异性就降低了，最终孩子对这件玩具失去了兴趣。
2	注意力水平的限制。	幼儿的注意以无意注意为主，想要引起孩子的注意，事物的新异性非常重要。同时，由于孩子的注意力发展水平还较低，所以注意持续时间较短。因此，孩子总是表现出喜新厌旧的行为。

> **黄金小建议**
>
> 孩子的世界等待着新鲜色彩的描绘，父母要及时输送新鲜事物的"血液"。就算是旧事物，只要你能"变废为宝"，一样能够灿烂孩子的世界。

如何让孩子学会接受批评

> **名家智语**
>
> "持以坦白的态度,出以诚恳的目的",使儿童理解这样做对他是有好处的,正如吃苦药治病一样。
>
> ——捷克教育家夸美纽斯

一些父母常常反映孩子只喜欢听别人的夸赞,而不能接受一点儿批评,一旦遭到批评,就会噘起小嘴巴甚至哭闹。那么,究竟该怎么做才能让孩子学会接受批评呢?

需要做的事情

1 制作"孩子不接受批评记录表",帮助孩子认识自己

人的性格一旦养成,就很难再改变。所以,父母若发现孩子有一些不良的性格,要给予重视,并采取一些办法积极帮助孩子改变自己。如果孩子听不得批评,父母不妨和孩子按照下面的步骤去做,坚持一段时间就会收到事半功倍的效果。

▶ 父母和孩子一起记下孩子不接受批评的具体事件。

▶ 记下孩子对自己行为的评价(为什么这么做,觉得自己做的是否正确)。

▶ 记下小妙招(父母是如何处理这些情况的,又是怎样教育孩子的)。

▶ 进行一周总结,根据孩子的表现进行反馈(奖励／批评)。

孩子不接受批评记录表

日期	事件	原因	小妙招	周总结
3.24	孩子饭前不洗手,父母给予批评。	就是不想洗。	告诉孩子不洗手的危害,如会滋生细菌,闹肚子。	

2 夸赞与批评共用,培养孩子良好的行为习惯

▶ 从小教育孩子,使其明白自己既会受到夸赞,也会受到批评。制定规则,让孩子知道做了什么事情会获得夸赞,做了什么事情会被批评。

▶ 奖惩分明。父母在生活中既要表扬孩子好的行为,也要批评其不当的举止,而不是一味溺爱。实施奖惩制度,有好的行为要奖励,有不好的行为要惩罚,让孩子真正体会到夸赞与批评共存。

▶ 以身作则。父母自己要能够接受周围人的批评,如爸爸觉得妈妈有时过于独断,妈妈要反省自己,有则改之,无则加勉,而不是立即否定或不满地发脾气。这样做才能让孩子有一个好的模仿、学习对象。

▶ 及时强化孩子的行为。注意观察孩子在生活中与人相处时的表现,并做出回应。如果发现孩子出现了不接受他人批评的行为,如抢别人玩具被小朋友指责,却反过来和小朋友吵架等,要及时指出并帮助他改正;如果孩子有好的表现,如奶奶指出孩子便后不洗手的坏习惯,孩子及时认错并且立即去洗手,要及时予以表扬,强化他的良好行为。

3 避免出现以下不恰当的教育行为

▶ 盲目进行主观判断。有时候,孩子不接受批评并不是在无理取闹,而

是有自己的想法，坚信自己是对的。对此，父母不要盲目地站在自己的角度做出评判，不妨听一听孩子的想法。
▶ 放任、溺爱。有时候，父母会觉得孩子还小，不接受批评没什么大不了的，长大自然就好了。这种放任、溺爱的想法是不能要的，因为有研究发现个体在幼儿时期不接受批评，成人之后也很难接受批评。
▶ "暴力"教育。有些父母不能理性教育孩子，在孩子表现得不如意时就发脾气，强硬管教，这样往往会使孩子表里不一，即口头上接受批评，内心却是反感的。

想知道原因吗

不少孩子都会出现不接受批评的行为，我们将孩子不愿接受批评的原因整理在下表中，便于您了解。

孩子不愿接受批评的原因

序号	原因概括	具体分析
1	认知发展不成熟。	年龄较小的孩子认知发展水平还较低，对批评还缺乏具体、正确的认识，且对错意识较弱，所以他们会对批评表现出抗拒。
2	父母的教育方式不当。	一些孩子在家中被溺爱，经常获得表扬，很少受到批评。因此，孩子头脑中对批评的认识非常少。另外，很多家长不懂得批评的方法，让孩子感觉自己是个坏孩子，更不愿意接受批评了。

> **黄金小建议**
>
> 孩子的心是敞开的，能够容纳万物。很多时候，不是孩子无理取闹，而是父母没有"对症下药"。父母要学会辨别孩子的行为，区别对待，让孩子理解批评，学会接受批评。

如何不让孩子"一叶障目"

> **名家智语**
>
> 不识庐山真面目，只缘身在此山中。
>
> ——北宋文学家苏轼

3岁左右的孩子，玩捉迷藏的时候总是找个位置将自己的眼睛遮挡起来，完全不顾自己露在外面的身体，以为这样其他人就看不到了。平日里家里来小朋友，孩子也只顾自己玩玩具，好像看不到其他小朋友一样。他的双眼好像被一片叶子遮住了，有什么好办法帮助孩子不"一叶障目"呢？

需要做的事情

制作"孩子'一叶障目'行为记录表"

- ▶ 当孩子出现"一叶障目"的情况时，若父母直接口头告知孩子该怎样做，往往是徒劳一场。仔细观察并记录孩子的具体情况，再分析对策，才是帮助孩子解决问题的正确做法。
- ▶ 在表格中记录孩子出现"一叶障目"的情况。
- ▶ 采取亲身示范的方式来帮助孩子，并鼓励孩子重新回到情境中体验。
- ▶ 分析孩子"一叶障目"出现的规律和孩子在模仿过程中存在的困难，进一步指导孩子。

孩子"一叶障目"行为记录表

日期	出现的情况	父母的亲身示范	教育效果
7.1	玩捉迷藏时只挡住自己的眼睛。	亲身为孩子示范该如何躲藏起来。	孩子模仿父母的躲藏方式。

续表

日期	出现的情况	父母的亲身示范	教育效果

2 帮助孩子除去"障目"的"叶子"

- 角色互换游戏。在捉迷藏游戏中,有躲藏者、寻觅者和旁观者三个角色,孩子做旁观者,在一旁观察。爸爸作为躲藏者仅用手遮眼睛,这样容易被妈妈发现。当爸爸藏在隐秘之处时,妈妈很难发现。然后让孩子分别扮演躲藏者和寻觅者,在情境中体会他人的感受。
- 鼓励孩子做家庭小主人,帮助孩子招待客人。家长平日里可邀请小朋友来家里做客,将准备好的水杯、零食、水果递给孩子,鼓励孩子招待客人,使孩子在同伴交往中学会顾及小朋友的感受。
- 利用故事书、动画片中的人物培养孩子的共情能力。心理学研究表明,提高孩子的共情能力是帮助其克服自我中心思维的有效手段。因此,家长可以帮助孩子理解故事中人物的内心世界,并分享感受,培养孩子的共情能力。
- 及时表扬孩子"去自我中心"的行为。"去自我中心",即孩子不再只从自己的角度看问题、做事情,这时家长应当及时表扬孩子,以提高孩子这种行为出现的频率。

3 避免出现以下不恰当的教育行为

- 觉察到孩子"一叶障目"的行为却无动于衷,置之不理。
- 批评孩子不考虑他人的感受。例如,用"你怎么能这样呢?""你不懂得去分享吗？"等埋怨、批评的话去伤害孩子的自尊心。
- ▶ 对孩子表现出的考虑他人的行为不予理睬。及时强化孩子好的行为有助于帮助孩子判断正误，也有助于培养孩子好的行为习惯。
- ▶ 做"一叶障目"的坏榜样。父母在生活中以自我为中心，如当着孩子的面争吵、占小便宜等。

想知道原因吗

3岁左右的孩子出现"一叶障目"的情况是正常的。它缘于两个方面：第一，孩子的思维发展存在局限性。幼儿的判断和行动受自己需要与感情的强烈影响。幼儿很难离开自己的主观感情去客观地判断与理解事物、情境跟人的关系，他们主要是根据自己的主观印象来推理，很难理解他人的意图。发展心理学家皮亚杰把幼儿的这种思维叫作"自我中心主义"。第二，0~3岁孩子的观点采择能力较差，还不能理解自己的观点和他人观点的差异，更不能根据这种差异做出相应的行为改变。

孩子"一叶障目"的原因

序号	原因概括	具体分析
1	思维发展的局限。	孩子总是从自己的角度看待世界，认识不到别人会有不同的观点，以为自己看到的、想到的、感受到的就是别人所看到的、想到的、感受到的。
2	观点采择能力较差。	由于前额叶皮层发展不够成熟，孩子的观点采择能力不能帮助他们理解自己的观点有别于他人的观点。但随着年龄的增长，这种现象会逐渐消失。

> **黄金小建议**
> 角色互换游戏不仅可以帮助孩子克服自我中心思维、提高认知能力，还有利于培养孩子的规则意识，增进亲子关系，是家庭教育的良方。

如何锻炼孩子的言语表达能力

> **名家智语**
>
> 不愤不启，不悱不发。
>
> ——春秋时期思想家孔子

1岁半至2岁的孩子，有的只会连续发出几个字的声音，不能成句地说话。比如，当他向妈妈或爸爸要东西时，常常会因自己表达不清而急得要哭。面对这种情况，父母应该做些什么？

需要做的事情

1 确定孩子不能成句说话是否由生理原因导致

- 确定孩子是否存在生理性的语言迟滞。
- 若孩子存在生理性的语言迟滞，则谨遵医嘱。
- 若孩子不存在生理性的语言迟滞，那么孩子说话晚的原因更多是由环境因素造成的，父母应为孩子制订说话训练计划。

2 多与孩子进行言语交流

- 父母在孩子发声时要多留心，及时给予回应。日常生活中，孩子在呼唤、哭喊甚至自言自语的时候，父母要给予孩子积极的回应。例如，孩子发出"妈……妈……要"的音节时，妈妈要及时给予回应："宝宝想要什么，是这个吗？你叫妈妈，妈妈好开心！"
- 经常耐心地询问孩子的感受，为孩子创造说话的机会。例如，经常询问孩子:"妈妈做的菜好吃吗?""宝宝喜欢这件衣服吗?"

▶ 借助图画书,帮助孩子进行言语表达,并记录学习的进度,见下表。例如,与孩子一同看图画书,耐心地教孩子每个字词的发音,当孩子能够跟着发音时,父母回以微笑作为鼓励。

▶ 每晚睡觉前为孩子讲童话故事,丰富孩子的言语世界,和孩子进行言语互动。例如,可以问孩子:"睡美人漂不漂亮?""接下来发生什么了呢?"

亲子阅读记录表

日期	书名	发音困难的字	练习次数	是否学会
7.9	《睡美人》	睡、美、人	4次	学会

3 避免出现以下不恰当的教育行为

▶ 嘲讽孩子不会表达。例如,指责孩子:"你说话怎么这么笨呢,太让我着急了!"类似的话会严重打击孩子脆弱的心灵。

▶ 在帮助孩子说话的过程中过于急躁,缺少耐心。例如:还没等孩子完全学会发音就不耐烦地离开,去做自己的事情;急于求成,一次教孩子过多的词汇发音,给孩子带来压力。

▶ 不重视孩子说话晚的现象,认为孩子长大了自然就会说话。

▶ 因自己工作繁忙,将孩子送到托管班,忽视孩子在陌生环境中的适应问题。

▶ 不和孩子进行亲子阅读。从不给孩子购买练习发声和说话的书籍,使孩子缺少练习说话的机会。

▶ 使用多种语言与孩子沟通。一会使用英语，一会使用汉语普通话，一会使用汉语方言，给孩子造成语言学习上的困难与障碍。

想知道原因吗

孩子说话晚可能源自生理或环境因素。在生理方面，一些疾病，如智力发育落后、脑性瘫痪、听力障碍、发音器官异常、孤独症、中枢神经系统受损或功能失调等，可导致语言障碍或说话延迟。在环境方面，有些父母忙于自己的事或自身少言寡语，忽视与孩子的言语交流，使孩子一生下来就生活在很寂静的环境中，与大人讲话的机会少，孩子说话也会延迟。另外，家庭成员使用多种语言或方言进行交流，也会增加孩子识别语音的困难程度，导致孩子说话晚。

> **黄金小建议**
>
> 0~3岁是孩子语言发展的关键期，建议父母留心孩子的呼唤、哭喊，经常与孩子沟通，给孩子提供更多的表达机会，锻炼孩子的言语表达能力。

如何指导孩子阅读

 名家智语

读书,这个我们习以为常的过程,实际上是人的心灵和上下古今一切民族的伟大智慧相结合的过程。

——苏联作家高尔基

当孩子3岁左右时,父母可能会经常为其购买图书。然而,有的孩子并不喜欢看书,而是把书当成玩具,或是把书扔得到处都是,或是把书撕开、弄破。这该怎么办呢?

需要做的事情

1 购买适合孩子的书籍

▶ 让孩子拥有自主选择图书的权利,带着孩子一起去书店挑选图书。在购买之前,问孩子是否愿意对所挑选的图书"负责",即回家后是否真正进行阅读。

▶ 在挑选书的过程中,应避免让一些用处很少的杂书进入孩子的视线。

▶ 选取图文比例恰当的图书。父母可以给孩子试读一页,然后让孩子讲一下刚读过的内容,看孩子是否理解和感兴趣。

2 与孩子一起建立专属书架

▶ 为孩子创设专属书架。父母可以专门为孩子购置书架,也可以在现有书架中为孩子留出一层。在孩子的专属书架上，贴上贴纸，与孩子一同装饰书架。
- 协助孩子对他的图书进行分类、整理，将书按固定顺序排列，并在每次阅读后放回原处。

3 制作每日阅读表

- 让孩子自主选择每次阅读的时间、地点、阅读方式和时长，父母与孩子共同制作每日阅读表。
- 如果孩子按照计划完成阅读，则在阅读表的最后一栏里画上一双明亮的小眼睛，为孩子的阅读点赞。
- 在每个月末与孩子清点小眼睛的数量，孩子如果完成得较好，就可以获得购买新书的奖励。

每日阅读表

时间	地点	阅读方式	时长（分钟）	阅读情况
上午	卧室小床	孩子自己翻阅	10	
中午	桌子旁	父母陪同阅读	20	
下午	地毯上	父母讲，孩子听	30	
晚上	沙发上	其他小朋友陪同阅读	40	

4 培养孩子正确的阅读习惯

- 小书温柔看。引导孩子不扔书、不损坏书籍，从哪儿拿来放回哪儿。
- 小书逐页翻。让孩子按照正常的阅读顺序进行阅读。
- 小书认真读。让孩子在安静的环境中阅读，避免周围的诱惑物使孩子分心。

5 避免出现以下不恰当的教育行为

▶ 按照自己的标准为孩子购买图书，而不询问孩子的意见。
▶ 为孩子规定每日的阅读时间，强迫孩子阅读。
▶ 父母在嘈杂的环境中阅读，为孩子做出不良示范。
▶ 在孩子阅读过程中，父母进行娱乐活动干扰孩子，如玩手机、看电视等。

想知道原因吗

3岁左右的孩子不知道如何正确阅读是正常的。随着年龄的增长，孩子的自主性、认知水平都会不断提高，对阅读会产生正确的认识。

我们将孩子不会正确阅读的原因总结如下，方便您了解。

孩子玩书不看书的原因

序号	原因概括	具体分析
1	注意不稳定。	孩子的注意并不稳定，专注于一本书，对孩子来说较为困难，当有外界干扰时，他们的注意易发生转移。
2	精细动作发展水平有限。	将图书翻页这一动作，对孩子精细动作的发展水平有一定要求，年幼的孩子做这个动作有一定困难。
3	父母行为的影响。	孩子模仿了父母阅读过程中不好的习惯，如图书不放回原处、不爱惜图书、随手乱扔图书等。

> **黄金小建议**
>
> 父母可以通过多种形式带孩子阅读，让孩子体验阅读过程的乐趣，在此过程中要帮助孩子区分玩具和书籍的差别。

情绪与情感

胜任父母
孩子的问题就不是问题

如何应对孩子的"点将"行为

名家智语

父母的爱应该是这样的：它能激发起孩子对周围的世界，对人所创造的一切的关心，激发起他为人民服务的热情。

——苏联教育家苏霍姆林斯基

3岁左右的孩子，总是在游戏（特别是户外游戏）的时候找爸爸，在睡觉的时候找妈妈。面对孩子的这种"点将"行为，父母应该怎么办呢？

需要做的事情

1 制作"孩子'点将'行为记录表"，总结孩子"点将"行为出现的规律

为了了解和掌握孩子"点将"行为出现的规律，清楚您的应对方式，可制作一张"孩子'点将'行为记录表"（如下表）。

▶ 记录孩子"点将"行为的具体情况。

▶ 记下父母的应对方式（如强烈反对、自然接受等）。

孩子"点将"行为记录表

日期	孩子的"点将"行为	父母的应对方式
8.2	孩子让爸爸陪他玩游戏。	爸爸答应玩15分钟。

2 帮助孩子进行多方交往

- 父母共同参与孩子的养育过程。例如，父母可交替哄孩子入睡，妈妈和孩子进行睡前阅读、吟唱睡前歌曲，爸爸抚摸孩子的小脑袋，不让孩子产生只有妈妈才能陪伴入睡的思维定式。
- 妈妈要主动参与孩子和爸爸的游戏，如一起观看动画片或陪孩子安装变形金刚等。
- 让孩子多与他人交往，例如，邀请家人或朋友一起活动，多带孩子进行户外活动（如家庭野餐、堆沙子等），为孩子提供更多与他人交往的机会。
- 当孩子"点将"父母时，如果是合理要求，可以满足。孩子喜欢"点将"，是自我意识发展的结果，父母满足其合理要求，可以让孩子感到掌控能力的提升，进而提高自信心。
- 当孩子"点将"父母时，如果是不合理要求，父母要果断拒绝。
- 帮助孩子与父母之外的人建立亲密的关系，让孩子知道可以喜欢并能一起游戏的不仅有父母，还有外公、外婆、老师以及朋友等。

3 避免出现以下不恰当的教育行为

- 满足孩子的所有需求。过度溺爱孩子，让孩子变得任性无理。
- 训斥孩子，强行纠正孩子的"点将"行为。
- 冷嘲热讽，如对孩子说"你都多大了，睡觉还找妈妈，真丢人"等。

想知道原因吗

3岁左右的孩子出现"点将"行为，看似是正常的亲子交往现象，其实父母应引起注意。这种"点将"行为主要缘于孩子的依恋心理和自主意识的发展。孩子喜欢和爸爸玩耍，喜欢和妈妈一起睡觉，是因为爸爸的游戏方式与妈妈的游戏方式不同，更能满足孩子对多种游戏的需求。如果孩子过度依赖母亲，无法信任他人，那么在睡前只是找妈妈的行为就会更加明显。此外，孩子的"点将"行为还体现了孩子自主意识的发展，他们想要通过命令父母达到自己的目的，满足自己小小的掌控他人的愿望，这种愿望的满足能够帮助他们获得自尊体验。

我们将孩子"点将"行为的原因总结在下表里，方便您了解。

孩子"点将"行为出现的原因

序号	原因概括	具体分析
1	幼儿对父母存在依恋。	幼儿因其个体发育水平有限，对成人有较大的依赖性，只有在父母的帮助下才能满足生理需要和情感联结的需要。幼儿不仅需要与母亲建立亲密的情感联结，而且也需要同父亲及其他人建立亲密关系。
2	幼儿自主意识的发展。	孩子想要通过"点将"满足自己掌控他人的愿望，进而获得较高水平的自信体验，这是孩子自主意识发展的结果。

> **黄金小建议**
>
> 孩子的成长既离不开母亲温柔、细腻的照顾与陪伴，也需要父亲阳刚、自信、勇敢、独立、客观、冷静等个性品质的感染。父母应为孩子共建一个有两性特征的环境，不要让孩子过分依赖某一方。

— 情绪与情感 —

如何应对孩子哭闹

名家智语

如果你因为错过太阳而哭泣,那么你也将错过星星了。

——印度诗人泰戈尔

有些2岁左右的孩子,经常会做出一些令父母摸不着头脑的事,比如,玩着玩着,高兴的小脸就会"乌云密布",说哭就哭,说闹就闹。遇到这种情况,父母该怎么办?

需要做的事情

掌握安抚孩子的方法

- 主动安抚孩子并询问原因,如把孩子抱起来,轻轻抚摸他的身体,温柔地问他:"孩子,你怎么了?"如果孩子无法说出哭闹的原因,先安抚孩子,让孩子平复下来。
- 需要经常关注孩子的心理变化及需求。父母需要经常换位思考,努力理解孩子哭闹背后的真实需求,不要轻易给孩子贴上"爱哭鬼"的标签。
- 尽量用形容情绪的词语来帮孩子说出自己的感受和心理活动。例如,父母对孩子说:"宝贝现在很害怕,爸爸妈妈陪伴你,我们在一起就不怕了。"这样可以增强孩子的自尊感和自信心,降低他的挫败感。
- 帮助孩子学会冷静思考,如让孩子独自待在房间里,进行短暂的隔离。

2 制作"孩子哭闹行为记录表",总结孩子哭闹的规律

为了了解和掌握孩子哭闹行为出现的规律,清楚您的应对方式,可制作"孩子哭闹行为记录表"(如下表)。

▶ 当孩子出现哭闹行为,在表格中用表情符号进行标记(粘贴贴纸或画出来)。
▶ 记录孩子哭闹时的情况(如睡觉被打扰、需要没被满足等)。
▶ 记录每次安抚孩子的方式(如拍背、抱抱)及时长。

孩子哭闹行为记录表

日期	标记	哭闹时的情况	安抚方式	安抚时长
8.6	☹	尿裤子。	给孩子更换尿布。	半小时
8.6	☹	想吃糖,妈妈不给。	用磨牙棒替代糖果。	20分钟

3 避免出现以下不恰当的教育行为

▶ 冷嘲热讽,忽视孩子哭闹的原因,如孩子一哭就说孩子是"爱哭鬼"等。
▶ 用哄骗的方式制止孩子哭闹。例如,告诉孩子如果不哭了就给好吃的,结果不兑现诺言,导致孩子哭闹不止。
▶ 成人对待孩子哭闹的态度不统一,并因此而争吵。例如,妈妈不理睬,姥姥去哄劝,姥爷跑到孩子面前讨好,一家人因为对孩子的教养态度不同发生争吵,让孩子不知所措。

▶ 父母大发脾气，训斥孩子。有些父母带着愤怒的情绪斥责孩子或威胁孩子，以使孩子停止哭泣。
▶ 总用大道理去劝导孩子而无视他们的感受，如和孩子说"爱哭不是好孩子，勇敢的孩子都不哭"等。

想知道原因吗

哭闹是孩子的情绪表达方式之一，也是令父母很苦恼的事情之一。有时大人太凶，一点儿小事就对孩子疾言厉色，吓坏了孩子，孩子就会用哭闹来表达自己不愉快的情感。另外，生活中父母不常陪伴孩子，孩子得不到父母的关爱，没有获得安全感等，就会显得焦虑、不安，产生消极的情绪，并用哭闹的方式来表达。

我们将孩子爱哭闹的原因总结在下表里，方便您了解。

孩子爱哭闹的原因

序号	原因概括	具体分析
1	情绪控制能力弱。	人类的左脑善于处理语言、数字和逻辑问题，右脑善于处理情绪、想象等问题。由于孩子的大脑还没有发育完全，所以控制情绪的能力较弱，容易出现哭闹行为。
2	为表达需要或情感。	当孩子的需要得不到满足，如饥饿、想要某样东西大人不给等，就会用哭闹来表达自己的需求。另外，当孩子受到威胁或感到恐惧、委屈、生气、伤心等的时候，也会用哭闹来表达内心感受。

黄金小建议

父母应多多关注孩子的心理变化，和孩子共同面对和解决困难，细心观察并发现孩子的合理需求，及时满足孩子的合理需求。

如何使孩子不过度偏爱父母中的一方

> **名家智语**
>
> 建立和巩固家庭的力量——是爱情，是父亲和母亲、父亲和孩子、母亲和孩子相互之间的忠诚的、纯真的爱情。
>
> ——苏联教育家苏霍姆林斯基

婴幼儿时期的孩子，经常被问到一个问题："你喜欢妈妈还是爸爸？"有些孩子会说："都喜欢！"而有些孩子明显地表现出对爸爸或妈妈的偏爱，即有的特别喜欢妈妈，有的过度依赖爸爸，甚至当孩子与父母分离时，这种偏爱也存在。那么，如何帮助孩子不过度偏爱爸爸或妈妈呢？

需要做的事情

1 制作"孩子偏爱行为记录表"，总结孩子偏爱爸爸或妈妈的原因

为了了解孩子偏爱行为出现的规律，清楚您的应对方式，可制作一张"孩子偏爱行为记录表"（如下表）。

▶ 记录孩子偏爱行为的情况（如睡觉、读故事、游戏时）。

▶ 记录应对孩子偏爱行为的方式（如看照片、抱抱等）及互动时长与结果。

孩子偏爱行为记录表

日期	偏爱行为的情况	应对方式	互动时长与结果
6.2	爸爸给孩子买了玩具，孩子一直黏着爸爸，疏远妈妈。	爸爸叫妈妈过来一起和孩子玩耍。	孩子和爸爸妈妈共同游戏10分钟，孩子和爸爸妈妈都能很好地互动。

续表

日期	偏爱行为的情况	应对方式	互动时长与结果

2 让孩子不偏爱爸爸或妈妈

▶ 父母中的一方如果不能天天陪伴孩子，如出差、外出打工等，也应该经常与孩子通电话或者视频聊天，避免孩子对其产生陌生感。

▶ 父母双方都要陪伴孩子玩耍，增加和孩子共同活动的机会，使孩子感受父母双方的爱。

▶ 被孩子疏远的一方应主动同孩子接触，如通过讲故事、做游戏等方式增进亲子感情，使孩子逐渐感受到爸爸和妈妈是一样亲切可爱的。

▶ 父母双方都不要过于娇惯、溺爱孩子。当孩子提出某些无理要求时，父母双方对待孩子的态度要一致。

3 避免出现以下不恰当的教育行为

▶ 父亲或母亲在陪伴、教育孩子的过程中缺位。父爱或母爱缺失，会让孩子和父亲或母亲疏远。

▶ 轻视孩子的偏爱问题，认为偏爱是正常现象，过度偏爱不是什么事。

▶ 父母中的一方找借口疏远孩子，忽略孩子的正常需求。

▶ 父母中的一方溺爱、娇惯孩子。

想知道原因吗

偏爱父母中的一方，是婴幼儿容易出现的一种心理现象。幼儿对父母的依恋源于寻求安全感和对亲情的需要，但当孩子长期只感受到父母一方过多的关爱时，就会过度依恋一方，而缺失另一方的爱。

我们将孩子偏爱父母中一方的原因总结在下表里，方便您了解。

孩子偏爱父母中一方的原因

序号	原因概括	具体分析
1	依恋父母。	婴幼儿期的孩子依恋父母是正常的心理需要。如果父亲或母亲陪伴孩子的时间过多，而另一方陪伴的时间少，就会导致孩子对其中一方产生过度依恋。
2	寻求安全感。	婴儿在早期就有对周围的人和事物寻求信任感的需求，获得美德和力量。如婴儿早期获得内部信任，就会在教养者那里获得安全感，形成安全型依恋关系。而偏爱父母中一方的孩子是因为没有获得安全感，惧怕或者疏远另一方，形成了不安全型依恋关系。

> **黄金小建议**
>
> 父母要正确对待孩子的偏爱行为，双方要协调一致，并有充分的信心与耐心去引导孩子，双方都不娇惯溺爱孩子。

如何引导孩子克服退缩行为

名家智语

我这个人走得很慢，但是我从不后退。

——美国政治家林肯

有些3~6岁的孩子孤僻、胆怯、害羞、不合群，不愿意接触陌生人，不愿意参加集体活动，对新鲜事物缺乏兴趣、热情和好奇心，出现退缩行为。面对孩子的这种反应，父母应该怎么办？

需要做的事情

 制作"孩子退缩行为记录表"，总结孩子退缩行为出现的规律

为了了解和掌握孩子退缩行为出现的规律，清楚您的应对方式及结果，可制作"孩子退缩行为记录表"（如下表）进行记录。

▶ 记录孩子退缩行为出现的情况（如集体活动、在陌生人面前时）。

▶ 记录每次应对孩子退缩行为的方式（如打骂、讽刺、鼓励等）及结果。

孩子退缩行为记录表

日期	出现的情况	应对方式	结果

2 掌握帮助孩子克服退缩行为的方法

- 在外人面前多肯定孩子的积极行为，如："你靠自己的努力解决了这个问题，妈妈（爸爸）看到了，为你高兴。"
- 鼓励孩子参加各种游戏活动，比如参加角色扮演游戏，当"小警察"等，通过角色扮演增强自信心及克服退缩的勇气。
- 多与孩子互动，让孩子做力所能及的事，比如与孩子一起阅读、一起游戏、一起做家务等。
- 和孩子一起玩角色扮演游戏，模拟生活中真实的交往情景，让孩子学习分享、勇敢、独立等积极的品质。
- 要相信孩子的潜能，对孩子有信心，相信孩子能够克服退缩行为。例如，抚摸孩子的额头，给孩子一个大大的拥抱，轻声说："宝宝不要怕，勇敢去做，爸爸妈妈陪在你身边。"

3 避免出现以下不恰当的教育行为

- 嘲笑、斥责或一味迁就有退缩行为的孩子。例如，经常批评孩子"胆小鬼、窝囊废"，或者抱怨"我怎么会有你这样的孩子"，使孩子更加丧失信心。而一味地迁就孩子易使其产生自己有特权的错觉。
- 过度溺爱、保护孩子，不给孩子尝试的机会。比如，孩子已经能自己吃饭了，父母还喂饭。
- 对孩子期望过高。比如，让孩子过早地死记硬背一些知识，使孩子产生畏难心理。
- 陪伴孩子的时间少，也很少给孩子提供与他人交流的机会。
- 使用消极的词汇评价孩子的性格，尤其是在公开场合拿自己孩子的缺点和别人孩子的优点比较，容易伤害孩子的自尊心，导致其出现退缩行为。

想知道原因吗

孩子容易出现退缩行为的原因主要有哪些呢？一方面是先天因素。有的孩子天生就胆小谨慎，出于自我防御而退缩。另一方面是外界环境因素。孩子总是经受各种形式的考查、比较、评价等，而体力或智力较差的孩子就会进行较低的自我评估，导致孩子的大脑抑制过程强于兴奋过程，缺少成功经验，出现越来越多的退缩行为。另外，父母过多的消极评价也会导致孩子丧失自信心，产生退缩行为。

我们将孩子常退缩的原因总结在下表里，方便您了解。

孩子常退缩的原因

序号	原因概括	具体分析
1	性格较为胆小谨慎，遇到挑战会退缩。	一些孩子的性格较为胆小谨慎，因此在做事的时候容易出现怯懦退缩的情况。当遇到有挑战的新事物时，孩子会产生困惑和焦虑，就会退缩。
2	缺少安全感。	积极的依恋关系会让孩子感到安全和自信，他们会积极地探索世界，快乐地与他人交往，而且很容易与他人建立轻松、信任的人际关系。而退缩的孩子常会感到不安全，所以很少表现出积极主动性，害怕与他人交往。
3	缺乏自信心。	父母对孩子要求过高，孩子无法达到父母的要求，得到父母过多的消极评价，失去自信心，进而产生退缩行为。

黄金小建议

父母的理解与陪伴是孩子不再退缩、变得勇敢的有力支撑。建议父母尽可能多地关怀孩子、陪伴孩子，共同创建和谐的家庭氛围。

如何帮助孩子克服自卑

名家智语

我已亭亭，无忧亦无惧。

——散文家、诗人席慕蓉

有些孩子在集体活动中总是怀疑、低估和否定自己的能力，出现懦弱、害羞和畏惧等消极行为。面对这种情况，父母应该怎么办？

需要做的事情

1 掌握帮助孩子克服自卑的方法

- 要善于赏识孩子，多鼓励与肯定孩子。要经常说："宝贝加油，你可以的！在妈妈眼中你是最棒的！"
- 了解孩子的喜好，并让孩子做自己喜欢的事。让孩子做一些力所能及的家务事，对其积极表现给予及时的赞赏和肯定。
- 善于发现并肯定孩子的优点，对于孩子的失误，父母应该告诉孩子错在哪里和怎么改正。
- 教育孩子正视自己的缺点，引导孩子对成功和失败进行正确的归因。例如，对孩子说："人人都会有缺点，有缺点是正常的，但发现自己的缺点后，积极去改正缺点才是最重要的。"

2 制作"孩子自卑行为记录表"，总结孩子自卑行为出现的规律

为了了解和掌握孩子自卑行为出现的规律，清楚您的应对方式及时长，

可制作"孩子自卑行为记录表"(如下表)进行记录。

▶ 记录孩子自卑行为出现的情况(如游戏、遇到困难时等)。

▶ 记录每次应对孩子自卑行为的方式(如鼓励、训斥等)及时长与结果。

孩子自卑行为记录表

日期	出现的情况	应对方式	应对时长与结果
6.1	六一儿童节舞台上,孩子不敢上前表演,总是躲在角落。	鼓励孩子,让孩子一点点参与到表演中。	10分钟。孩子敢上台了。

3 避免出现以下不恰当的教育行为

▶ 对孩子期望过高。

▶ 经常拿自己孩子的短处和别人家孩子的长处进行比较。

▶ 当孩子不喜欢或不愿意做一些事情时,父母训斥孩子并强迫孩子去做。

▶ 孩子出现了错误的行为,父母不给孩子解释的机会,而是一味地责骂。

想知道原因吗

孩子出现自卑心理,在一定程度上是受成人消极评价的影响。由于孩子认知水平有限,会完全相信父母对自己的评价。有的父母喜欢拿孩子的缺点说事,过度批评孩子,就会导致孩子不自信,遇事退缩。有时孩子做事没有达到要求,被父母指责或被老师批评,久而久之,孩子就会产生自卑心理。孩子自我评价能力还没有形成,不能客观地评价自我,只能通过外在的具体行为特征和自己的情绪体验来评价。

我们将孩子自卑的原因总结在下表里，方便您了解。

孩子自卑的原因

序号	原因概括	具体分析
1	自我评价水平较低，受成人评价的影响。	幼儿认知水平有限，服从于成人的权威，被动地接受成人的评价。如果成人说"你不行，还是在一旁看别人吧"，孩子就会觉得自己真的不行，就不愿意去尝试。
2	不能客观地评价自我。	幼儿自我评价限定于自我的外部表现，他们只会对自己具体的行为进行评价，还不能评价自己的内心活动和个性品质。幼儿的自我评价具有表面性，并受情绪影响较大，所以某一具体行为可能使幼儿对自己评价较低，产生自卑心理。

> **黄金小建议**
>
> 父母应给予孩子无私的爱，尊重、信任孩子并赞赏孩子的优点，不强迫孩子做事，鼓励孩子去做自己擅长和感兴趣的事，让孩子在爱的氛围中健康、自信地成长。

如何应对孩子被欺负

> **名家智语**
>
> 不知谁说的，欺侮人的人，从来不记得，被欺侮的那个，却永志在心。
>
> ——作家亦舒

孩子们之间打打闹闹很正常，但如果一个孩子总是被另一个或几个孩子抢东西、追打，那就不再是小事了，而是欺侮。当孩子遭遇欺侮时，父母应该怎么办？

需要做的事情

1 与孩子平静、平等地对话

- 马上将孩子带离冲突地点。
- 蹲下来，抚摸孩子的脸颊或双手。
- 眼睛平视孩子。
- 让孩子先说话，不要轻易打断孩子的叙述，也不要急于表达自己的想法。
- 用平静的语气重复孩子刚才说的话。
- 为孩子列出几种应对方法，跟孩子一起分析最佳解决方案。
- 当与孩子意见不一致时，想象自己在孩子的年龄会怎么解决问题，与孩子平等地协商。

2 平复减压一日游

- 等孩子情绪平复下来，提议第二天带孩子去游乐场。
- 到达游乐场，请孩子代替大人排队购票。
- 引导孩子去玩海洋球等多人游戏。
- 在孩子玩得高兴的时候，鼓励孩子跟其他小朋友一起玩耍。
- 游戏结束时，建议孩子与同玩的小朋友坐在一起休息和吃零食。
- 与小朋友告别后，奖励孩子一支冰激凌或一个拥抱。
- 与孩子共同回忆刚才游戏的场景，强化孩子的快乐体验。

3 巧用模拟情境法

模拟抢玩具的情境，教孩子遇到争抢玩具的情况时，可以像小娃娃那样，拿走自己的玩具转身离开。

- 邀请孩子一起玩玩具。
- 先故意抢夺孩子正在玩的玩具，对孩子说："现在，我是个比你大的哥哥，要抢你的玩具啦！"
- 孩子躲避或情绪低落时，马上停止游戏。
- 告诉孩子，如果布娃娃的玩具被抢走了，布娃娃会拿起玩具转身离开。
- 把布娃娃和其他玩具放在孩子视线之外较远的地方，向孩子解释说："你看，布娃娃带着自己的玩具离开了。"
- 告诉孩子自己作为欺人者此时很沮丧的心情："我是那个欺负人的大哥哥，看到玩具被主人拿走了，我抢玩具的计划失败了，唉……"
- 请孩子扮演布娃娃，再次重复以上步骤。

4 练习说"不"

- 孩子说完一句话，您马上模仿这句话，不要解释原因。

- 孩子询问时，您仍然模仿孩子的话。
- 告诉孩子这是一个叫"你学我"的游戏。
- 反复模仿孩子说话，并告诉孩子："如果你说了什么话，爸爸（妈妈）就会说这句话，不能说别的。模仿不出来或模仿错误，就输了。"
- 与孩子交换角色，请孩子模仿您说话。
- 进行5~6次游戏，使孩子做到主动模仿，不需要您提示。
- 告诉孩子您的东西被朋友抢走了，您大声说："我不喜欢，你不能这样！"
- 孩子重复后，继续让孩子模仿您说话时的眼神、表情和语气。
- 直到孩子大声、勇敢地重复了您的话，再更换情境。

5 避免出现以下不恰当的教育行为

- 要求孩子以牙还牙、以暴制暴，这会严重影响孩子将来解决同样问题的策略，甚至使其形成攻击性行为倾向。
- 认为孩子没出息，对其人格进行评价，如批评孩子"总是被欺负，就是个胆小鬼"。给孩子贴标签，会让孩子不知道应该怎么做，还会非常灰心。
- 气不过，替孩子出头，打骂对方孩子。父母出手干预孩子之间的纷争不是明智的选择，不妨和对方孩子的父母、老师沟通一下。

想知道原因吗

欺侮与打闹最突出的区别是：欺侮是强大欺负弱小，是故意为之，并且会反复发生；而打闹是孩子间的一些小摩擦。孩子被欺负，表面上看是因为孩子懦弱，深层来说是因为孩子不会交朋友。

孩子被欺负的原因

序号	原因概括	具体分析
1	懦弱、不抗争的表现"鼓励"了欺人者。	孩子的这种表现强化了欺人者的霸凌行为，他们没有受到惩罚，而是被变相奖励了，因此他们很容易再次欺负同一个人或敢去欺负其他小朋友。
2	缺乏同伴交往的技巧。	孩子由于缺少同龄玩伴、父母过度保护等而缺失同伴交往经验，只能以手足无措、胆怯、哭泣和退缩来处理"突发事件"。他们不知道应该怎样应付这样的局面，更不清楚如何积极有效地处理与欺人者的关系。

> **黄金小建议**
>
> 请父母切忌训斥孩子很没用，切忌唆使孩子以牙还牙，切忌不让孩子跟欺负人的小朋友玩耍。

如何让男孩像个男子汉

> **名家智语**
>
> 男子要有刚强和自由勇敢的气质。哦！他更应该有深藏的秘密。
>
> ——德国作家歌德

在幼儿园里，有些男孩特别娇气，受了委屈就哭鼻子，还特别爱撒娇，没有一点儿男子汉的样子。父母担心孩子长大后也这样，有什么好办法能把孩子培养成小小男子汉呢？

需要做的事情

1 小磕小碰勿上前

- 孩子受小伤时，父母先控制住自己的面部表情，保证表情平静。
- 不要上前抚慰孩子。
- 用平静的语气引导孩子自己处理小伤，如鼓励孩子："宝宝，自己站起来吧。"
- 可以暗中观察一下孩子的伤情，但没必要特意去检查伤口，如果没有大碍不要进一步关心孩子，不要扩大"事态"。

2 转移注意力

- 帮助孩子缓解挫折带来的低落心情的最好办法是转移注意力。
- 可以让孩子回忆自己最喜欢的动画中的英雄人物，一起回想动画中体现英雄人物勇敢、坚强品质的故事情节。

▶ 带领孩子做他最喜欢的游戏，或者一起看动画片。

3 多参与性别特征鲜明的活动

▶ 男孩子的游戏以力量、速度和耐力见长，可以带孩子观看足球赛等对抗性游戏，或是带他参加真人CS等互动性战争游戏，为他创设丰富的男性元素环境。
▶ 让孩子学会照顾女孩，这可以提升孩子的责任感和胜任力，如帮助女孩提重物、开门等。
▶ 在舞蹈游戏中，鼓励孩子主动邀请女孩跳舞或者为女孩伴舞等。

4 避免出现以下不恰当的教育行为

▶ 过分担心孩子，怕他跑步摔倒，出门受伤，限制孩子的活动自由。
▶ 溺爱孩子。在吃穿住用行上对孩子照顾得无微不至，孩子衣来伸手、饭来张口，没有机会学习自理。
▶ 父爱缺失。只由母亲来照顾孩子，父亲不参与抚养教育过程，而父亲在坚毅品格和良好行为习惯方面是男孩子最好的榜样。

想知道原因吗

有些男孩子没什么男子汉气概，是因为在性别定型的过程中没有完全遵循社会定义的男性标准，没有使自己的行为与性别标签完全匹配。按照性别解释理论的观点，儿童很早就根据性别来对事情和人进行分类，他们在给自己贴上性别标签后，会把获得的经验运用到对与性别相关的行为、服饰、习惯等的解释中。孩子需要在知道自己是男是女后，在周周的环境中获取性别标签。成人的引导、周围人对男孩和女孩的不同要求，都是孩子获取性别标签的渠道。有的家长对男孩子过分呵护，缺少挫折教育，造成孩子把自己性格的某些方面与娇气、娇弱的标签匹配在了一起。他们认为"娇气"地处理问题是可以被接受的,并倾向于以此种方式来处理所有问题,因此他们会相对缺乏男子汉气概。

孩子的性别定型是分为三个时期的,下面的表格能帮您快速搞清楚孩子正处在什么阶段。

性别定型的三个阶段

发展阶段	特点
性别认同	知道自己是男是女
获得性别刻板印象	知道男性和女性的典型心理与行为
形成性别类型化行为	更喜欢与自己性别一致的活动和东西

> **黄金小建议**
>
> 爱与纵容一线之隔。父母的爱也许会成就一个顶天立地的男子汉,也可能让孩子全无男子汉气概,差别也许只在于父母是否以爱之名行纵容之实。不如浅浅关注,深深爱护,爱得更有度。

如何引导孩子与大孩子交朋友

> **名家智语**
>
> 行合趋同,千里相从;行不合,趋不同,对门不通。
>
> ——《淮南子》

孩子喜欢跟同龄人一起玩,但有的孩子更喜欢跟在比自己大的孩子身后,观看大孩子怎么玩。但有时候孩子跟不上大孩子的节奏,不能融入他们的游戏,大孩子就不太喜欢带着他玩。遇到这种情况,父母应该怎么办?

需要做的事情

1 支持孩子参与大孩子的游戏

- 如果孩子只是参与不了但能够旁观大孩子游戏,您不必担心,他只是沉默的"学习者"。
- 孩子在游戏中可能是大孩子的"小跟班",这种模仿和服从对于孩子来说也是学习和锻炼。
- 孩子在游戏中可能成为"孩子王"的助手,帮忙调解纷争、设定游戏规则,这是很好的提升孩子领导力、计划性的机会。
- 孩子在游戏中可能会拖后腿,不妨帮助孩子明确游戏规则,找一个有耐心、宽容大度的大孩子来带着他玩。

2 给予关注,做好保护措施

- 提醒孩子注意保护自己,提醒大孩子多多关照小弟弟、小妹妹。孩子预料危险和自我保护的能力有限，容易在与大孩子一起玩时被莽撞的孩子冲撞。大人要随时关注，防止孩子受伤。
▶ 有些大孩子会把小孩子当玩具一样戏弄，如若发现，一定要制止。

3 避免出现以下不恰当的教育行为

▶ 粗暴干涉孩子的活动。不分青红皂白地干涉孩子的游戏，不利于孩子社会交往能力的培养。
▶ 过分担心孩子吃亏。这样做会让孩子过分计较游戏中的得失，斤斤计较的孩子会失去很多社交机会和朋友。
▶ 孩子之间出现矛盾时，全力维护自己家小孩。让孩子自己去解决游戏中的争端、承担和大孩子一起玩可能会遇到的磕磕绊绊，不失为一种让孩子对自己的选择负责任的有效做法。

想知道原因吗

有的孩子喜欢和大孩子玩，而不喜欢和同龄人或是小孩子玩。这时孩子们之间还不存在真正意义上的交往，往往是一个孩子带领一群孩子玩，或是一个孩子追随另一个孩子。这种情况更接近于孩子追着父母玩，观察和模仿成人的行为。大孩子像小孩子的榜样一样，小孩子模仿大孩子的语言、动作，学习小哥哥、小姐姐的一切。这是孩子的交往能力还有所欠缺，又喜欢追随和模仿比自己成熟的同伴的结果。小孩子甚至会以崇拜的心态与大孩子交往。

> **黄金小建议**
> 与其为孩子跟大孩子玩担惊受怕，不如引导有年龄差异的两个孩子怎么玩。让大孩子成为施教媒介，影响孩子。

如何对孩子不偏心

> **名家智语**
>
> 教育儿童通过周围世界的美、人的关系的美而看到精神的高尚、善良和诚实,并在此基础上在自己身上确立美的品质。
>
> ——苏联教育家苏霍姆林斯基

一些有了二胎的家庭,老大经常觉得父母偏心,甚至会嫉妒弟弟或妹妹得到了父母更多的爱,还说父母不爱他了。这时,父母应该怎么办?

需要做的事情

1 客观地审视自己是否有偏心行为

- ▶ 如果孩子抱怨父母偏心,父母要客观地审视自己是否有偏心的倾向和行为。
- ▶ 询问别的家庭成员自己的表现如何。有时候自我评价并不客观,因此可以去询问其他家庭成员,听听他们的说法。
- ▶ 正视偏心的事实,反思自己偏心的原因。如果自己或者其他家庭成员认为自己有偏心行为,父母需要反思与及时纠正偏心行为。

2 学会站在孩子的角度想问题

- ▶ 学会换位思考。父母要站在孩子的角度思考自己的行为是否偏心,感受孩子不被同等对待时的心情。
- ▶ 探寻孩子眼中的自己。可以进行角色扮演游戏,让孩子扮演父母,父母扮演孩子，观察孩子如何模仿父母平时的行为，从而探寻孩子眼中的自己。

3 合理、公正地分配有限资源

▶ 当分配给孩子的资源有限时，父母要合理、公正地分配，并说明分配的原因。例如，吃水果的时候，给大孩子大一点儿的水果，给小孩子小一点儿的，解释说："大孩儿吃大个儿的，小孩儿吃小个儿的，不要浪费。"

▶ 当资源有限时，引导孩子解决问题、学会谦让。例如，吃点心时，和孩子说："只有一块点心，怎么办呢？""你们两个商量一下怎么分点心。"

▶ 父母要尽量做到一碗水端平，当孩子之间发生冲突的时候，公正地进行裁决和教育。

▶ 父母不要一味地批评或者奖励一个孩子，让孩子感到父母厚此薄彼。

4 让孩子获得爱也会爱人

▶ 爱抚、拥抱和亲吻孩子，让孩子感受到父母的爱。例如，轻声对孩子说："宝宝放心，弟弟（妹妹）不会抢走我们对你的爱，我们爱你！"

▶ 创造一家人一起过节或者游乐的机会，让孩子们一起玩耍，让他们自己学会和谐相处。

5 避免出现以下不恰当的教育行为

▶ 两个孩子一起犯错，父母只批评一个孩子，让其受委屈。

▶ 分东西偏心。有好吃的零食或者好玩的玩具，父母要公平分配。

▶ 奖惩无章可循。无论是奖励还是惩罚，都没有相关规则，无法按照规则公平、公正地实施奖励或者惩罚。
- ▶ 强迫大一点儿的孩子让着小一点儿的孩子。大孩子也是孩子，也有自己的需求，做不到成人道德观中的礼让三分，要体谅孩子的心理感受。

想知道原因吗

有二胎的家庭中，年龄大的孩子有时会觉得父母偏心，因为父母总是无意识地想要保护年龄小的孩子。无论是年龄大的孩子还是年龄小的孩子，对父母都有一种占有欲，希望父母的眼光是对着自己的，希望父母的爱是属于自己的。这种占有欲一旦受到另一个孩子的威胁，就会激起孩子的嫉妒心。另外，如果父母在奖励或者惩罚上无法做到公正的话，孩子就会觉得父母偏心，觉得父母对自己的爱被弟弟（妹妹）夺走了。

我们将孩子觉得父母偏心的原因总结在下表里，方便您了解。

孩子觉得父母偏心的原因

序号	原因概括	具体分析
1	孩子对父母有强烈的占有欲。	孩子对父母具有强烈的占有欲，希望父母能够关注自己和爱自己，希望父母的爱是完全属于自己的。而有二胎的父母需要花更多的时间照顾小一点儿的孩子，大孩子就会感到失落，认为父母偏心。
2	父母在奖励和惩罚上不公正。	父母在处理孩子间冲突的时候，如果做不到公正、公平，孩子就会敏感地认为父母偏心。

> **黄金小建议**
>
> 父母在孩子成长过程中的不断反思是提高家庭教育质量的关键之一。让孩子知道父母是在意他的、爱他的，对孩子来说至关重要。建议父母尽可能地在情感上关怀每一个孩子，让孩子在获得爱的同时也学会爱他人。

如何引导孩子不黏着娃娃

名家智语

教育是植根于爱的。

——文学家鲁迅

豆豆无论何时都爱黏着自己的布娃娃，尤其是在睡觉前，如果没有布娃娃就不肯入睡，上幼儿园也要带着自己的布娃娃，吃饭、上厕所都不离手。父母应该怎么办呢？

需要做的事情

1 制作"宝贝恋物记录表"，总结孩子依恋某物的规律

▶ 在表格中记录孩子依恋物品的名称。

▶ 了解孩子心中对某物的依恋程度，用星星来标记等级。如果非常依恋，记5颗星星；有一点点依恋，记1颗星星。

▶ 记录每次孩子怀抱依恋物品的时间（如刚入园的时候）。

宝贝恋物记录表

日期	依恋的物品	依恋程度	时间
9.1	小毯子	★★★	刚入园和午睡时

2 掌握帮助孩子获得安全感的方法

- ▶ 抚摸孩子的额头或者后背，让孩子感觉舒适，和孩子进行目光交流，多对孩子微笑。
- ▶ 孩子奔向自己的时候，用拥抱和亲吻回应孩子。
- ▶ 当孩子喜欢某个毛毯或者布娃娃的时候，将它放在孩子身边，不要随意损坏或者丢弃孩子依恋的物品。
- ▶ 帮助孩子转移注意力，如鼓励孩子与同伴玩耍或者带孩子串门走亲戚，让其转移注意力，减轻对依恋物品的依赖程度。

3 避免出现以下不恰当的教育行为

- ▶ 夺走孩子的依恋物品，不让孩子靠近依恋物品。
- ▶ 用威胁的话伤害孩子，如"再不放开布娃娃，我就把它扔了！"这种威胁式话语会让孩子和父母之间出现信任问题，让孩子的安全感降低。
- ▶ 训斥孩子怯懦。当孩子依恋某物时，说孩子是"胆小鬼"等。

想知道原因吗

　　3岁左右的孩子依恋布娃娃或者其他物品是正常的。孩子像依恋成人一样依恋自己的毛绒玩具，因为毛绒玩具会给孩子带来一种温暖、舒适的触觉感受，可以让孩子获得心理上的满足，产生安全感。安全感是孩子在与父母互动过程中形成的对外部世界的信任感，孩子获得了安全感，就会觉得自己是被爱的、被关怀的。父母细心的照料与关怀对孩子安全感的形成具有非常关键的作用。如果父母在孩子哭闹不安时能及时、准确地满足孩子的需求，经常拥抱、抚摸与亲吻孩子，将有助于孩子与父母之间形成安全型依恋关系。否则，孩子就不能与父母建立亲密的依恋关系，导致安全感缺失。而柔软的毛绒玩具会给孩子带来持续和稳定的温暖感受,孩子就会对毛绒玩具产生依恋,寻求安全感的替代满足。

我们将孩子依恋某物的原因总结在下表里,方便您了解。

孩子恋物的原因

序号	原因概括	具体分析
1	为了获得安全感。	安全的需要是孩子的基本需要,早期安全感的获得有利于孩子对这个世界产生信任。一些毛毯、毛绒玩具等能给孩子带来安全感。
2	亲子关系出现了问题。	当亲子关系出现问题时,孩子就会寻找替代物获得安全感,而布娃娃等柔软的物品让孩子感到安全舒适,从而获得安全感。

> **黄金小建议**
>
> 孩子经常黏着娃娃,可能是缺乏安全感或想要寻求依恋的表现。对于年龄还小的孩子,不要强行拿走他的娃娃,要温柔呵护孩子,让孩子感觉自己被父母的爱包围着。

如何应对孩子不希望有小弟弟或小妹妹

> **名家智语**
>
> 如今我们察觉出所谓的教育问题，特别是那些和人的个性、性格发展及智能发展相关的问题，事实上全部源于孩子和成人之间的冲突和对立。
>
> ——意大利教育家蒙台梭利

准备要二胎的父母有时会问孩子："你想不想要小弟弟或者小妹妹？"一些孩子的反应会非常激烈，甚至威胁父母如果要小弟弟或者小妹妹，自己就离家出走。面对此情此景，父母应该怎么办？

需要做的事情

1 了解孩子不喜欢小弟弟、小妹妹的原因

- 与孩子进行深入交流，了解孩子不喜欢小弟弟、小妹妹的原因。
- 如果孩子情绪不稳定，建议在亲子时间（如睡前读故事时）和孩子深入交流，了解其内心的真实想法。
- 看到别的小朋友和弟弟或妹妹一起玩，问孩子："你想要个弟弟或者妹妹吗？"

2 给孩子充分的爱和安全感

- 给孩子足够的爱。让孩子感受到即使有了小弟弟或小妹妹，自己获得的爱也不会少。例如，父母给即将出生的孩子置办用品的时候，也要

给老大购买他需要的东西，不要让老大觉得父母偏心。
- 如果孩子担心小弟弟、小妹妹会夺走父母的爱，及时安抚孩子，并保证在小弟弟、小妹妹出生之后不忽视孩子，公正地对待每个孩子。
- 如果孩子强烈反抗，可以带孩子到有小弟弟、小妹妹的同伴家里做客，让孩子感受家中有小弟弟、小妹妹的真实情况，和小弟弟、小妹妹进行友好的互动，减少对新生儿到来的顾虑。

3 及时告知孩子父母的决定，让其做好准备

- 如果准备要二胎，父母需要及早告知孩子，让其做好心理准备。
- 父母和孩子模拟小弟弟或者小妹妹来到家里的情景，让其感受小弟弟或者小妹妹带来的快乐，和父母一起期待小弟弟或者小妹妹的到来。
- 如果孩子还是不想要小弟弟、小妹妹，父母也要尊重孩子的意见。

4 避免出现以下不恰当的教育行为

- 忽视孩子的意见，威胁孩子。有的父母会说："你再唱反调，有了小弟弟、小妹妹就再也不理你了！"这样的威胁只会让情况变得更糟糕。
- 批评孩子没有爱心，不理解孩子的担忧和烦恼。
- 隐瞒事实。有些父母不尊重孩子的意见，觉得如果"木已成舟"孩子就无可奈何了。其实，隐瞒事实会让孩子的自尊心受伤，感到自己在家中不受重视，不如实话实说。

想知道原因吗

2~6岁的孩子排斥父母要小弟弟或小妹妹，其原因多种多样。小弟弟或者小妹妹的出现与存在，对于一个认知还不成熟的孩子来说可能是巨大的"威胁"，他把其他孩子当成"竞争者"，会推测另一个孩子的存在会让自己失去父母的关爱。如果孩子与父母没有成功地建立起安全型依恋关系，就

可能导致孩子安全感缺失，而小弟弟或小妹妹的降临就更会让孩子产生父母的爱被分走了的感受。心理学家将兄弟姐妹之间的这种嫉妒和争斗称为"同胞竞争"或者"同胞排斥"，这种竞争或排斥伴随着个体的整个童年期。而父母无意间的威胁也会加重孩子的不安全感。

我们将孩子不喜欢妈妈生小弟弟或小妹妹的原因总结在下表里，便于您了解。

孩子不喜欢妈妈生小弟弟或小妹妹的原因

序号	原因概括	具体分析
1	担心父母的爱被未来的小弟弟或小妹妹夺走。	孩子预见未来的能力逐渐发展，当他看到其他家庭中弟弟或妹妹更加受宠时，就会想象未来自己的弟弟或妹妹占据父母更多的爱，而自己将会被父母忽视。
2	父母忽视孩子导致孩子对父母形成不安全型依恋。	如果父母陪伴孩子的时间较少，对孩子的照顾不够及时和周到，孩子可能和父母不能形成安全型依恋关系，而这种不安全型依恋关系会让孩子过度担心父母的爱被弟弟或妹妹抢走。

> **黄金小建议**
>
> 父母的细心照料和积极回应能够让孩子感到自己是被重视和被爱包围的。建议父母留意孩子的情绪变化，及时和孩子沟通交流，做孩子的"贴心侍卫"。

如何引导孩子不害怕打针

> **名家智语**
> 表现勇敢则勇气来,往后退缩则恐惧来。
> ——英国作家康拉德

孩子害怕打针,几乎是所有父母都要面对的难题。有的孩子甚至听到打针、医院、看病等字眼,就会哭闹不止,搞得父母也很心疼、无奈。孩子如此恐惧打针,父母应该怎么办?

需要做的事情

1 日常生活中,您需要这样做

- 亲子阅读是良方。与孩子共同阅读关于打针的故事书,如《我不怕打针》,有计划地帮助孩子战胜对打针的恐惧。
- 多听儿歌也很棒。孩子生病期间,每天在孩子起床洗漱时播放《打针吃药我不怕》等儿歌。
- 来到医院把头扬。当父母需要去医院打针时,可带孩子一起去(注意为孩子戴好口罩,避免交叉感染)。一方面,让孩子熟悉医院的环境;另一方面,父母勇敢打针,为孩子做出榜样。

2 准备打针时,您需要这样做

- 安抚并鼓励孩子。要轻抚孩子的额头,亲一亲孩子并予以鼓励,轻声说:"爸爸(妈妈)相信你是个勇敢的孩子,还记得昨天给你讲的故事吗？不怕打针哦。"
- ▶ 耐心向孩子解释需要打针的原因。例如，对孩子说："你现在生病了，很不舒服，但是打完针很快就能好了。妈妈陪在你身边，不要怕。"
- ▶ 告诉孩子打针的真实感受。例如，对孩子说："打针会微微疼一下，但一会儿就好了。"如果父母哄骗孩子打针不疼，那么孩子体验到打针的疼痛时就会不信任父母，而且下次打针时孩子会更加畏惧。

3 孩子打完针，您需要这样做

- ▶ 及时表扬。向孩子竖起大拇指，告诉孩子："你真棒，非常勇敢！"父母的及时肯定，能帮助孩子建立信心，认为自己是个勇敢的孩子。
- ▶ 给予关心。询问孩子打针时的感受："刚才打针疼吗？下次可以勇敢地打针吗？"
- ▶ 给予鼓励。给孩子一个鼓励的抱抱，告诉孩子："你是个勇敢的好孩子，爸爸妈妈为你感到骄傲！"

4 避免出现以下不恰当的教育行为

- ▶ 比孩子还焦虑。有时，父母一想到孩子打针时疼痛与哭泣的场景，就开始焦虑，一脸愁容。父母会把这种情绪不知不觉地"传染"给孩子。
- ▶ 用奖励做诱饵。当孩子不肯打针时，有些父母会采取奖励机制，如许诺孩子打完针给他买好吃的、买玩具，或带他去公园玩。这种方式不利于孩子勇敢品质的培养，毕竟物质奖励不能代替精神成长。
- ▶ 捂住孩子的眼睛。有些父母面对孩子的注射恐惧，习惯一边用手捂住孩子的眼睛，一边说"看不见就不害怕了"。这种行为不利于孩子了解打针的过程，与其"掩耳盗铃"，不如让孩子来选择——要么勇敢地直面打针的过程，要么扭头不去看。

想知道原因吗

害怕打针是孩子成长中极为普遍的现象。怕是孩子的一种正常情绪表现。怕是一种高强度的不愉快情绪类型，这种情绪有助于孩子了解自身及周围环境的状态，对其生存与发展有重要意义。

有些孩子天生会晕针、晕血，排除这两种情况，我们将孩子害怕打针的原因总结在下表里，方便您对"症"下"药"。

孩子害怕打针的原因

序号	原因概括	具体分析
1	打针真的疼。	注射时产生疼痛感，是孩子的肌体对外界刺激的自然反应，孩子因为疼痛而害怕打针。
2	医院好怕怕。	医院对孩子而言是一个陌生的环境，容易引发孩子的不安全感，加剧孩子对打针的恐惧。
3	父母很担忧。	父母面对孩子打针时的恐惧也会影响孩子。不当的教育方式会给孩子带来消极影响。

黄金小建议

当孩子恐惧打针时，父母不要过分担忧，要帮助孩子战胜恐惧。耐心鼓励是缓解孩子疼痛的"良方"。

如何使孩子不害怕上幼儿园

> **名家智语**
>
> 恐惧对人的伤害比疾病更严重。
>
> ——英国哲学家乔·赫伯特

很多孩子在最初上幼儿园时都出现了害怕、恐惧等情绪，与家人的分离，让他们惶恐不安。那么，如何才能使孩子不害怕上幼儿园呢？

需要做的事情

1 在孩子入园前，您需要这样做

- ▶ 了解幼儿园。提前考察孩子所要进入的幼儿园，在家中创造与该幼儿园相似的环境，帮助孩子熟悉幼儿园的生活环境。
- ▶ 参加入园前培训。父母可以与幼儿园沟通，参加幼儿园的亲子培训，即在幼儿正式入园前三个月左右，父母和孩子共同到幼儿园，在教师的指导下参与游戏活动，使孩子逐渐熟悉幼儿园环境、教师、活动方式、行为规则、生活规律等，帮助孩子未来顺利适应幼儿园的生活。
- ▶ 调整作息时间。有意识地提前调整孩子的作息时间（如午睡时间），使孩子的作息时间与幼儿园的作息时间较为一致。
- ▶ 让孩子学习规则。提前在家中培养孩子的规则意识，如玩完玩具要放回原处、不要大声说话、饭前便后要洗手等。
- ▶ 提高孩子的生活自理能力。培养孩子独立生活的能力，让孩子学会自己上厕所、脱鞋穿衣等。

2 在孩子入园时,您需要这样做

▶ 调整心态。第一次送孩子入幼儿园时,父母要调整好自己的心态,不要因为舍不得孩子而哭泣。父母的消极情绪会影响孩子,使孩子对上幼儿园产生焦虑、恐惧等情绪。
▶ "梯度"入园。为了缓解孩子的负面情绪,父母可以采取"梯度"入园制,即在孩子入园的第一个月内,每周入园的时间逐步增加,直到第四周增加至全天入园。
▶ 明确告知。第一次送孩子入幼儿园时,父母需要讲清楚送孩子去哪里,自己在什么时间会来接孩子,并告诉孩子不要害怕,使其建立安全感。

3 在孩子入园后,您需要这样做

▶ 耐心沟通。积极与孩子交流入园后的感受,接纳孩子的消极情绪。
▶ 循循善诱。当孩子表达不想去幼儿园的想法时,要主动询问孩子原因,并通过聊天或者讲绘本故事告知孩子去幼儿园的好处,逐步引导。
▶ 予以鼓励。当孩子从幼儿园回来时,父母要及时发现孩子的积极变化,并对孩子的变化做出具体的表扬与肯定。随后,鼓励孩子坚持去幼儿园。

4 避免出现以下不恰当的教育行为

当孩子害怕去幼儿园时,有些教育行为无法缓解孩子的焦虑与恐惧情绪,甚至有可能产生其他负面影响。父母要避免下表中的不恰当行为。

不恰当行为对照表

不恰当行为	教育影响
不辞而别	当孩子不想去幼儿园时,父母连哄带骗地把孩子送到幼儿园,趁孩子不注意就不辞而别,这种行为会让孩子缺乏安全感。
威胁恐吓	威胁孩子,如说"如果你不去幼儿园,妈妈就不喜欢你了"等威胁式话语,致使孩子的情绪更加消极。

续表

不恰当行为	教育影响
过度担忧	有的父母总担心孩子在幼儿园没有得到细致入微的照顾，于是在家中对孩子百般宠爱、倍加关注。这种方式会导致孩子更加不适应幼儿园的集体生活。

想知道原因吗

幼儿在最初入园时出现恐惧、焦虑等情绪是正常的。幼儿第一次长时间与主要抚养者分开会产生分离焦虑。他们离开家庭进入幼儿园游戏、生活会表现出紧张、不安、恐惧等情绪，在行为上则表现为大声哭泣、依恋老师、依恋自带物、默坐、不正常进餐及不正常午睡等。孩子离开家庭，步入幼儿园，意味着与父母分离，走进一个全新的环境。对孩子而言，尽管适应一个没有父母的环境非常艰难，但却意义非凡。了解孩子产生分离焦虑的原因，会便于您帮助孩子更好地进行入园适应。

孩子产生分离焦虑的原因

序号	原因概括	具体分析
1	亲子依恋。	面对与父母的分离，孩子的内心充满了不安全感、缺失感甚至恐惧。在一个全新的环境里，孩子不愿意与父母分离，一旦父母离开，他们就陷入了焦虑之中。
2	教师的敏感性低。	如果教师有较高的敏感性，能够及时满足孩子对安抚、照顾等的需求，建立良好的师幼关系，可能会在一定程度上缓解孩子的分离焦虑，使其更快地融入幼儿园生活。反之，则会加剧孩子的分离焦虑。

黄金小建议

进入幼儿园是孩子离开家庭、融入集体的第一步，对他们来说有重要意义。父母要接纳孩子的各种情绪，也要调整好自己的情绪。只有父母与孩子共同努力，才能将孩子的入园焦虑降到最低。

如何引导孩子不嫉妒他人

> **名家智语**
>
> 嫉妒的人常自寻烦恼,这是他自己的敌人。
>
> ——古希腊哲学家德谟克利特

3岁左右的孩子经常会嫉妒别人。他们看到爸爸妈妈关爱、夸奖其他小朋友,就会撅嘴生闷气。人们常将这种现象称为"吃醋"。面对"吃醋"的孩子,父母应该怎么办?

需要做的事情

1 让"吃醋"的孩子立即得宠

- 父母要第一时间向孩子表达关心与爱。拥抱孩子,并主动询问"为什么不开心"。
- 不要吝啬爱的表达。例如,告诉孩子:"妈妈最爱你了。虽然刚才妈妈表扬了其他小朋友,但妈妈依然最爱你。"
- 父母在照顾其他孩子的同时,也要时刻关注自己的孩子。

2 安抚孩子后,帮助孩子将"醋意"转变为积极动力

- 安抚孩子,让他坚信父母的爱不会变,同时要避免将自己的孩子与别人家的孩子进行比较。
- 当孩子看到别人获得表扬而不服气时,父母可以告诉孩子:"爸爸相信你也可以的,下次咱们加油努力。"

- 父母应该在孩子不服气时给孩子奋进的动力，帮助孩子将消极情绪转化为积极力量。
- 帮助孩子尝试发现小伙伴们的优点，鼓励孩子夸赞他人，并为孩子给别人鼓掌的行为点赞。

3 帮助孩子发现自己的闪光点

- 面对气馁的孩子，父母要耐心予以安慰，告诉孩子："你还小，妈妈相信你以后一定会做得非常好。"
- 面对孩子点点滴滴的进步，父母要及时予以表扬，例如："宝贝，你做得好棒！你画画越来越认真了，进步非常大！"
- 父母在日常生活中的每一次肯定与鼓励，都会帮助孩子发现自己的优点，维护自尊心、减少嫉妒心。

4 功夫在平时，注意与孩子日常沟通的细枝末节

- 面对"吃醋"的孩子，父母一定要站在孩子的视角去思考其"吃醋"的原因，并有意识地对孩子予以关注和赞赏。父母应思考"孩子为什么不高兴"。
- 如果孩子经常"吃醋"，这是对亲子关系亮起了警灯。父母应该反思自己，与孩子保持良好有爱的亲子关系。
- 在日常生活中，父母一定要与孩子多沟通，时常向孩子表达关心与爱。

5 避免出现以下不恰当的教育行为

孩子爱"吃醋"和父母的日常教育方式有着密切关系。您可以对照下表，反思自己的行为。

父母的不恰当教育行为

不恰当行为	教育影响
指责"吃醋"的孩子。	面对孩子噘嘴、愤怒、耍脾气等"吃醋"行为,有的父母批评、指责孩子。孩子之所以会嫉妒,是因为害怕大人不爱自己。父母的批评只会让孩子更加缺乏安全感。
面对孩子的"吃醋"行为,心中窃喜。	有些父母知道孩子"吃醋"是源自他们对自己的爱,因而面对孩子的"吃醋"行为,就会心中窃喜,甚至觉得值得炫耀,进而反复"试探"孩子,忽视了对孩子的正确引导。
忽视"吃醋"的孩子。	虽然孩子出于自我保护而产生嫉妒心理是正常的,但是父母也不能因此就忽视孩子的"吃醋"问题。父母的忽视会让孩子受到伤害。

想知道原因吗

3岁左右的孩子出现"吃醋"行为是正常的,这其实是孩子的嫉妒心在作怪。我们将孩子"吃醋"的原因呈现在下表中,便于您了解。

孩子"吃醋"的原因

序号	原因概括	具体分析
1	为保护亲密关系而嫉妒。	孩子为了保护自己和父母的亲密关系而产生嫉妒心。当父母关注其他孩子时,他会表现出不满。
2	为维护自尊而嫉妒。	随着自我意识的发展,2岁后孩子越来越关注父母的评价。当父母夸奖别的孩子而没有夸奖自己时,自尊心就会受到伤害。

> **黄金小建议**
>
> 在日常生活中,父母要经常向孩子表达自己的爱与关心,切记不要因为关注其他孩子而忽视自己的孩子。

如何应对孩子怕鬼

> **名家智语**
>
> 想象中的恐怖远过于实际上的恐怖。
>
> ——英国戏剧家莎士比亚

4岁左右的孩子经常不敢独自睡觉,甚至会在睡梦中突然醒来,不肯继续入睡,还说自己看见鬼了。这时,父母应该怎么办?

需要做的事情

1. 制作"孩子怕鬼记录表",总结孩子怕鬼的规律

当孩子在成长中出现怕鬼的现象时,父母可以记录孩子怕鬼的经历,总结孩子出现这种情况的规律以及当时采取的有效安抚方法。

▶ 记录孩子怕鬼时的具体情况(如睡觉、读故事时)。

▶ 记录安抚孩子的方式(如拍背、抱抱)及时长。

孩子怕鬼记录表

日期	具体情况	安抚方式	安抚时长
7.1	晚上睡觉突然惊醒,说"有鬼""怕怕"。	抱抱	2分钟

2 安抚孩子，帮助孩子摆脱恐惧

- 抚摸孩子的额头，给孩子一个有爱的抱抱，亲吻孩子，轻声说："宝宝放心，不要怕，爸爸妈妈在你身边。"
- 当孩子因为怕鬼而不肯独自入睡时，陪其入睡。可播放摇篮曲或讲述愉快的故事，帮助孩子放松。
- 帮助孩子区分想象与现实，让孩子知道故事书或者动画片中的鬼怪与恐怖情节都是假的，在现实生活中并不存在。

3 避免出现以下不恰当的教育行为

- 嘲讽孩子怕鬼。即便不是消极意义的嘲笑，也会让孩子产生自我怀疑。
- 用鬼来吓唬孩子。例如，告诉孩子"再不听话妖怪就把你抓走"，这种威胁式话语会让孩子更害怕。
- 训斥孩子不勇敢。当孩子怕鬼时，批评孩子胆小、没出息，这无益于问题的解决，还会给孩子贴上负面标签，导致孩子对自己做出消极评价。
- 盲目用不适当的动画片或故事书给孩子"练胆"。心中怕鬼的孩子应避免接触恐怖、惊悚的画面。

想知道原因吗

3~5岁的孩子怕鬼是正常的。它源自想象性恐惧。换言之，孩子害怕的都是他们自己想象出来的东西，而非真实存在的事物。幼儿的想象性恐惧有指向性与非指向性两种类型。前者是指孩子会说具体怕什么样的事物；后者是指孩子并非害怕某一特定对象，而是泛泛地害怕黑、害怕密闭空间等，甚至孩子自己也说不清怕什么。孩子怕鬼的具体原因见下表。

孩子怕鬼的原因

序号	原因概括	具体分析
1	想象力极为丰富。	孩子的想象力非常丰富,他们在接触有鬼怪的故事或动画片后,就会自发地进行想象。
2	区分想象与现实的能力较差。	孩子大脑的前额叶皮层发育不够成熟,他们的认知能力不足以帮助他们区分想象与现实,他们无法理解电视或故事中虚构的鬼是不存在的。

> **黄金小建议**
>
> 当孩子心中有"鬼"而害怕时,父母的暖心抚慰是驱除"鬼怪"的"神器"。因此,父母要温柔而细心地关爱孩子,让家庭成为孩子的温暖港湾。

如何帮助孩子控制情绪

> **名家智语**
>
> 能控制好自己情绪的人，比能拿下一座城池的将军更伟大。
>
> ——法国军事家拿破仑

3岁左右的孩子总是喜怒无常，前一秒还玩得很开心，转眼间就因为小事情而哭闹发脾气。面对这种情况，父母应该怎么办呢？

需要做的事情

1 掌握调节情绪的方法

- 要有耐心，及时给予孩子呵护。例如，抱抱孩子或轻拍他的肩膀，让孩子感受到此刻自己是被父母呵护的和安全的。
- 尽量让孩子体验到更多的情绪。父母可以让孩子接触更丰富的环境，认识不同的小伙伴，进行不同的活动，在与他人的互动中，更好地识别和理解他人的情绪特征。
- 可以引导孩子通过转移注意力来缓解不良情绪。孩子可以通过读书、运动、做游戏等有意义的活动来转移注意力，以调解自己的情绪。
- 日常生活中教给孩子一些调节情绪的小妙招，让孩子学会轻轻松松地控制不良情绪。比如，通过读绘本故事，将孩子带入情境之中，告诉孩子在想发脾气时，先进行深呼吸。

2 制作"孩子情绪'阴晴'记录表",总结孩子情绪波动的规律

如果孩子的情绪经常阴晴不定,父母不妨将孩子的情绪变化即刻记录下来,如果手中没有记录表,先记在脑子里,事后填进去。这样有利于更好地了解孩子的情绪特征,明晰情绪化背后的原因,解决情绪化带来的困扰。

▶ 在表格中记录孩子的情绪反应。

▶ 与此同时,记录孩子的行为方式(如开心时大呼大跳、难过时摔东西等)。

▶ 记录孩子情绪变化的具体原因(如妈妈没有及时给予回应、和小朋友玩耍时争抢玩具等)。

孩子情绪"阴晴"记录表

日期	情绪反应	行为方式	原因
5.31	哭闹	摔东西	想买玩具的要求未被满足

3 避免出现以下不恰当的教育行为

▶ 给孩子不良的示范。比如,父母心情好时对孩子无限宠爱,心情不好时对孩子冷漠,这种忽冷忽热的态度非常容易导致孩子的情绪阴晴不定。在长期潜移默化的影响下,孩子容易变得脾气古怪,情绪飘忽不定,从而难以与他人进行正常交往。

▶ 严厉批评孩子。例如,批评孩子"你怎么说哭就哭""如此任性还了得",这对孩子的心理发展是不利的,不仅不能解决孩子的情绪化问题,反而会加重孩子的消极情绪,并使其愈演愈烈。

▶ 对孩子不予理睬。有的父母认为孩子哭一会儿闹一会儿就好了，越理他，他越闹，殊不知这种忽视会令孩子更加沮丧，认为爸爸妈妈都不管自己了，不喜欢宝宝了，产生挫败感，不利于孩子情绪调控能力的发展。

想知道原因吗

3岁左右孩子的情绪具有三个特征：（1）易冲动，孩子的控制能力较弱，导致情绪具有爆发性；（2）易外露，孩子会毫无隐藏地表露情绪；（3）易受影响，周围情境易引起孩子的情绪波动。我们将孩子喜怒无常的原因总结在下表里，便于您了解。

孩子喜怒无常的原因

序号	原因概括	具体分析
1	表达能力弱。	幼儿语言表达能力的发展是循序渐进的。3岁前，儿童的语言表达形式基本上是对话，创造性的语言独白较少，不能独立完整地表达自己的感情和叙述自己的经历。孩子较弱的语言表达能力是其情绪喜怒无常的直接原因。
2	情绪调节能力差。	情绪调节是指监控、评估和修改情绪反应以达到预期目标的一系列外部和内部过程。儿童从2岁起开始有能力控制自己的情绪，伴随着表征和言语能力的发展，情绪调节能力逐渐发展。因此，3岁左右孩子的情绪调节能力还未发展成熟，这是其情绪喜怒无常的根本原因。

> 黄金小建议
>
> 孩子情绪阴晴不定或喜怒无常，需要父母和风细雨般的呵护。

如何引导孩子愿意与人交往

> **名家智语**
>
> 人如同陶瓷器一样，小时候就形成一生的雏形。幼儿时期就好比制造陶瓷器的黏土，给予什么样的教育就会成为什么样的雏形。
>
> ——美国心理学家塞德兹

有的孩子不爱上幼儿园，是因为在幼儿园中不愿与其他小朋友交往，在集体活动中经常自己躲到一边去。幼儿园老师常常鼓励孩子与小伙伴交往，可孩子仍然喜欢独来独往。面对这种情况，父母应该怎么办呢？

需要做的事情

弄清孩子不愿与人交往的原因

▶ 分析孩子的性格与气质类型（多血质、黏液质、胆汁质和抑郁质）。父母清楚孩子的个性特征，才能在指导孩子进行同伴交往时掌握合适的度。例如，孩子性格内向，属于典型的黏液质气质类型，他可能不愿意主动和别人打交道，父母可以先鼓励孩子与熟人打交道，再渐渐地过渡到与同伴打交道。

▶ 从以下几方面了解孩子在幼儿园的真实感受。

（1）你喜欢吃幼儿园的饭菜吗？

（2）你喜欢幼儿园的老师吗？

（3）你喜欢与小朋友一起做游戏吗？

（4）小朋友愿意和你一起玩吗？

2 鼓励孩子与同伴交往

▶ 父母要有让孩子与同伴交往的意识。许多独生子女作为家庭的"小独苗"从小被成人包围，没有同龄的玩伴。而孩子需要同伴交往经验，以适应未来的社会生活。因此，父母必须树立让孩子多与同伴交往的意识。

▶ 父母要让孩子接触集体生活。父母要在孩子小的时候就多带他出去，让他多接触外人，与别的孩子一起玩耍，而不是一直让他待在家里，这样到了他该交朋友的年纪不至于无所适从。

▶ 父母可以邀请朋友来家里做客，给孩子示范如何与朋友相处。如果孩子在与他人交往过程中遇到问题，父母要适时对孩子进行语言和方法的指导，鼓励孩子交朋友。有的孩子因为缺乏与同龄人相处的经验，不知道如何恰当地与人相处，有的孩子总是退缩，等着别人来找自己，这些都需要父母平时加以指导和鼓励。

3 避免出现以下不恰当的教育行为

▶ 否定孩子。父母不问缘由就说自己的孩子"古怪""没人缘"，这些否定评价会导致孩子社交退缩、焦虑，甚至演变为社交恐惧。

▶ 负面榜样。有些父母自身就存在社交困难或不当的为人处世方式，这对于年幼的孩子来说是影响很大的负面榜样。

▶ 过度保护。很多父母担心孩子太小，出去容易遭遇危险，因此希望孩子待在家里，或跟孩子强调"千万不要跟某某玩，他会把你带坏的"。这些做法会导致孩子缺少机会出去交朋友，最终没有朋友，很孤独。

想知道原因吗

孩子不愿与人交往除了有心理原因，还有社会层面的因素。一方面，个体先天的气质特征会影响他日后的交往行为；另一方面，社会发展特点（独生子女、邻里不相识等）导致今天的孩子往往难以融入集体生活。

我们将孩子交不到朋友的原因总结在下表中，以便您了解。

孩子交不到朋友的原因

序号	原因概括	具体分析
1	受气质特征影响。	气质是一种先天的、较为稳定的人格特征。胆汁质属于神经活动强而不均衡型，表现为直率、热情、精力旺盛、易于冲动；多血质相当于神经活动强而均衡的灵活型，表现为活泼、敏感、好动、喜欢交往；黏液质相当于神经活动强而均衡的安静型，表现为安静、稳重、沉默寡言、情绪不外露；抑郁质属于神经活动弱型，表现为孤僻、行为迟缓、体验深刻、多愁善感。属于后两种气质类型的孩子在生活中可能不喜交往。
2	缺少交往经验。	一些孩子尤其是独生子女缺乏与同龄人相处的经验，再加上成人没有及早意识到这一问题，使得孩子较难快速融入集体，出现交不到朋友的现象。

> **黄金小建议**
>
> 送人玫瑰，手留余香。要想让孩子受人欢迎与喜欢，首先要教会孩子去喜欢别人，欢迎别人。

如何避免孩子被同伴拒绝

> **名家智语**
>
> 朋友，可以把快乐加倍，把悲伤减半。
>
> ——古罗马哲学家西塞罗

有的孩子在幼儿园很少有小朋友愿意和他玩耍，他很难融入其他小朋友的游戏中，每当走近其他小朋友时，大家都赶紧躲让。遇到这种情况，父母应该怎么办？

需要做的事情

1 避免孩子被同伴拒绝的方法

▶ 教孩子有效识别环境信息。有些孩子会将平常或善意的信息误认为是充满敌意的，从而导致同伴关系紧张。在日常生活中，父母要重视孩子的这种情况，并加以有针对性的练习。例如，从最基础的表情识别开始练习，给孩子呈现不同的表情，帮助孩子正确识别表情所传递的信息。

▶ 在不同的情境故事中，和孩子交流互动，教孩子正确认识情境中的信息，让孩子设身处地去感受情境，体会自己和他人在情境中的真实感受，习得"共情"的能力，从而能站在客观的角度处理与小朋友的关系。

▶ 当孩子不开心时，比如掉眼泪或闷闷不乐时，尝试与孩子交流，询问是否在幼儿园发生了什么事情，认真去听他和同伴的描述，这样能够在第一时间了解孩子拒绝他人和被同伴排斥的原因。

- 当孩子做错事情时，教孩子学会主动道歉。在一起玩耍的小天地，小孩子有自己的原则，简单的一句道歉是小伙伴们建立友谊的一座桥梁，而自以为是、拒绝道歉会成为被同伴无休止拒绝的理由。
- 孩子被同伴疏远后，要鼓励孩子宽容大度。如果此时告诉孩子不理同伴，那接下来孩子和其他小伙伴玩耍时仍会遇到类似情况，就会导致恶性循环。孩子宽容豁达地对待同伴，就会收获一片更广阔的天空。

2 制作"孩子被同伴拒绝观察记录表"，总结孩子被拒绝的情况

在孩子成长的道路上，被同伴接纳和拒绝都是正常的事情，如何在孩子拒绝他人或被他人拒绝后找到真实原因，并据此进行解决，是父母更应关注的问题。那么，请您耐心地观察孩子的相关行为并记录下来。

- 在表格中记录拒绝孩子的人。
- 详细记录引起拒绝的事件。
- 记录孩子在遭到拒绝后的反应（情绪反应或行为反应）。

孩子被同伴拒绝观察记录表

日期	拒绝孩子的人	事件	孩子的反应
5.21	明明、小红	当孩子主动要求加入游戏时被拒绝。	愤怒，用手打了明明。

3 避免出现以下不恰当的教育行为

- 溺爱孩子。如果父母在家中过于溺爱孩子，导致孩子过度以自我为中

心，那么孩子在群体中遇到他人与自己意见或习惯不同时，往往不会接纳他人，使自己孤立起来。
- 消极评价。阳光乐观的孩子是父母用积极的评价滋养出来的，在夸奖不过度的情况下，父母要对孩子的每一次成绩持积极态度，并及时给予正面反馈，进而提高孩子的自信心。
- 惩罚。孩子在被拒绝后做出过激行为时，一些父母会认为一切都是孩子的错，经常在第一时间就惩罚自己的孩子。在未弄清楚孩子被他人拒绝的真实原因时，惩罚行为不但不利于问题的解决，反而会加重孩子的攻击行为。

想知道原因吗

孩子在幼儿园经常被同伴拒绝和排斥，真正的原因是什么呢？我们将原因总结在下表里，方便您了解。

孩子被同伴拒绝的原因

序号	原因概括	具体分析
1	自我评价低。	自我评价较低，导致孩子在人际交往中处于敏感多疑的状态，常常因为别人的一句话而感到愤怒和委屈，进而被别人排斥。在遭到别人拒绝时，孩子往往采用欺负他人的方式进行报复，也常常会期望通过保护自己、拒绝他人的方式提升自我评价。
2	存在消极的社会行为。	同伴关系在儿童成长过程中扮演着不可替代的角色，它为儿童提供了家庭以外的接触世界的渠道。而被同伴拒绝的孩子往往存在消极的社会行为，如爱搞破坏、攻击等，因而不受同伴欢迎。

> **黄金小建议**
> 父母要帮助孩子找出被同伴拒绝的原因，教会孩子与同伴相处，融入集体。

如何鼓励孩子进行朗诵表演

名家智语

有勇气的人才有信心。

——古罗马哲学家西塞罗

幼儿园班级里搞儿歌朗诵比赛,有的孩子不愿意参加,说站在台上会害怕、会紧张。有的时候,孩子在家里练得好好的,上台之后就忘词了,急得放声大哭。这是很多父母都面临的难题,到底该如何鼓励和帮助孩子进行朗诵表演呢?

需要做的事情

1 用看得到的进步帮助孩子树立自信

孩子登台不自信是因为对自己的表现没有把握,那就用可视化的图表来记录孩子的进步。通过一步步完成下面"儿歌练习进度表"中的任务,孩子就会逐步树立自信。

儿歌练习进度表

任务目标	达成	再加把劲儿
我能朗诵	√	
我能背诵	√	
我能熟练背诵	√	
我能有感情地朗诵	√	
我能用合适的声音朗诵	√	

续表

任务目标	达成	再加把劲儿
我能目视前方朗诵	√	
我能照着镜子朗诵	√	
我能朗诵给爸爸妈妈、爷爷奶奶听		有点小紧张
我能朗诵给小区里的好朋友听		

2 积极疏导孩子的紧张情绪

▸ 和孩子一起回顾以往成功的经验,如:"上次你和小朋友们一起在台上唱歌,表现得就很好呀!"

▸ 强调已经做好充足的准备,如:"宝贝,你现在朗诵得特别棒,在台上也会一样的!"

▸ 弱化当众演讲或者朗诵这件事的结果,如:"宝贝,朗诵儿歌就像是给大家讲个故事,每个小朋友都去讲,没有好坏之分,你们都很棒!"

▸ 陪伴孩子,告诉孩子:"爸爸妈妈会在台下陪着你,给你加油!"

▸ 倾听孩子的担心和顾虑。

▸ 如果有条件,在家里搭建一个小舞台,提前演练。

3 避免出现以下不恰当的教育行为

▸ 取消报名或者不给孩子报名。有的父母担心孩子紧张、焦虑,甚至害怕孩子上台出丑丢脸,就迁就孩子,不让孩子参加朗诵儿歌的活动了。这会使孩子的退缩心理更加严重,到再有类似活动的时候,孩子依旧不愿参加。

▸ 批评指责孩子。因为当众朗诵而感到紧张、羞怯,是一件正常的事,不是错误,没必要去批评指责孩子,而应适当引导孩子。

想知道原因吗

请您回忆一下,自己当众演讲的时候会不会也有紧张、畏难的情绪呢?答案是肯定的。那么更何况一个上幼儿园的孩子呢?孩子因为当众朗诵而紧张、害怕是正常的,我们来看看具体的心理原因吧。

孩子不敢当众朗诵的原因

序号	原因概括	具体分析
1	复杂情绪的发展。	在生命的头两年中,孩子的各种表情和情绪逐步产生,先是基本情绪(喜怒哀惧),到了2岁的时候,孩子开始出现复杂情绪(尴尬、害羞、内疚、嫉妒等)。这些情绪的出现提升了孩子对自我的认识,而害羞、尴尬是孩子在当众朗诵时会体验到的复杂情绪。
2	幼儿不擅长情绪调节。	幼儿的情绪调节能力较差,他们得不到玩具就会哭闹,而对于当众朗诵这件事,他们更是无法调节随之产生的尴尬、恐惧、紧张、害羞等情绪。
3	社交退缩幼儿的反应。	社交退缩的幼儿在面对新的交往对象和新异环境的时候就会变得紧张和焦虑,尤其在面对别人评价的时候,这种表现会更加明显。社交退缩的幼儿在面对新的挑战时比其他幼儿更要紧张、焦虑,同时这种情况会泛化到生活中的方方面面。

> **黄金小建议**
>
> 父母多多强调孩子已经能够做到的优秀表现和以往成功登台表演的经验,对孩子会是莫大的鼓励!

如何缓解孩子对父母离婚的担心

> **名家智语**
>
> 在任何情况下，首先要让孩子自由自在地生长，这才是父母情深的表现，而且必须将这样的深情作为治家的宗旨。
>
> ——日本作家池田大作

在父母将要离婚的家庭中，孩子通常会敏感地察觉到家中有一些异常，会变得不太爱说话了，比原来更喜欢发脾气了，也不像过去那样喜欢出去跟小朋友玩了，整天闷闷不乐的。父母该如何缓解和应对孩子在离婚事件中的不良情绪和表现呢？

需要做的事情

 给孩子提供一个稳定的成长环境

- 夫妻双方沟通的时候，尽量保持平和。尽管夫妻感情破裂，很难再心平气和地讨论问题，但是请尽量不要当着孩子的面争论。
- 在孩子面前只说对方的好。不要把对对方的不满传达给孩子，如果不能做到赞美对方，那就什么都别说。
- 给孩子提供无限的情感支持。告诉孩子："爸爸妈妈很爱你，只是分开生活了，你仍然有机会见到爸爸（妈妈）。"
- 保护孩子，不让孩子听到有关离婚程序的话题，不要带着孩子见律师。
- 保持原来的日常生活习惯。家庭成员的缺失会导致家庭环境的变化，但是请尽量保持原来和孩子互动的方式与频率，不要因此打乱了孩子成长的轨迹。最好让孩子仍然就读于原来的幼儿园，睡前仍然能够和孩子共读一本图画书，等等。
- 允许对方出现在孩子的生活中，约定好各自陪伴、照顾孩子的时间和周期，尊重孩子的意愿。

2 帮助孩子处理不良情绪

- 多倾听孩子的感受。可以问孩子："今天过得怎么样？""爸爸妈妈不在一起生活了，你难过吗？"
- 鼓励孩子把自己对于爸爸妈妈离婚的感受画出来。让孩子画想画的东西，可以是关于自己的、爸爸妈妈的、爷爷奶奶的，用画笔来表达自己的担心和疑虑。
- 花更多的时间来陪伴孩子。
- 跟孩子谈论离婚的事，直接坦诚地和孩子交流。孩子可能一直疑惑爸爸妈妈之间发生什么事了，用孩子能够理解的语言向他解释离婚的事，如："爸爸妈妈必须想个办法解决问题，分开可能是最好的解决办法。""我们不能很好地相处，想拥有各自的生活。"
- 消除孩子对于自己是父母离婚主要原因的疑虑。跟孩子解释清楚："宝贝，爸爸妈妈不在一起不是因为你，你表现得很好很乖。"
- 做好回答孩子各种问题的准备。孩子很可能会追问："我们要搬家吗？""我每周还能见到爸爸（妈妈）吗？"

3 避免出现以下不恰当的教育行为

- 在孩子面前说对方的坏话，或者抱怨对方。有时候父母中的一方会把自己对另一方的不满倾诉给孩子，这会让孩子很为难和困惑。
- 不让孩子有机会接触自己的爸爸/妈妈。切断孩子与父母中任何一方的联结都是不明智的做法，父爱和母爱对孩子同等重要。
- 把孩子当作窥探对方的工具。孩子会有和爸爸/妈妈相处的机会，不要试图让孩子去打探对方的隐私。

▶ 让孩子说一些伤害对方的话。有的父母会教孩子说一些指责另一方的话，这种做法会伤害每个人的感情。
▶ 当着孩子的面争执。孩子们都不喜欢争吵和发生矛盾的场景，大人之间的言语指责甚至身体伤害会给孩子幼小的心灵造成创伤。

想知道原因吗

家是孩子成长的港湾，和孩子最亲近的人是爸爸妈妈，大人之间感情出现问题，孩子会敏感地捕捉到异常。同时，孩子渴望和谐的家庭互动环境，而不是充满敌意和伤害的环境，这是孩子在家庭中寻求安全感的一种基本诉求。所以，孩子会担心父母离婚的事。具体原因见下表。

孩子担心父母离婚的原因

序号	原因概括	具体分析
1	家庭是孩子成长的微观系统。	根据布朗芬布伦纳的生态系统理论，婴幼儿时期，个体活动和交往的直接环境是家庭。幼儿受家庭这一微观系统里的人的影响，家庭作为孩子成长最重要的环境，对于其习惯形成、身心发展有着重要的作用。
2	归属和爱的需要。	根据马斯洛的需要层次理论，人满足了基本的生理需要和安全需要之后，就会追求归属和爱的需要。在幼儿的世界中，归属感来自家庭，被爱的感觉来自父母。
3	爱的缺失和不完整导致幼儿出现情感问题。	由于幼儿大脑还未发育成熟，认知水平较低，调节情绪的能力相对较差，不能正确应对爱缺失的情况，面对父母离异必然会出现一些认知和情绪问题。有些幼儿会认为是由于自己的问题导致父母分开，产生深深的负罪感。

> **黄金小建议**
>
> 离异家庭尽管在形式上不完整，但是让孩子获得完整的、来自父母双方的爱是父母的职责。让孩子在感受父母关爱的同时，快乐地成长。

如何协助孩子养宠物

> **名家智语**
>
> 是以圣人常善救人,故无弃人;常善救物,故无弃物。
>
> ——春秋时期思想家老子

很多孩子看别的小朋友家里养小狗,也吵着要养一只。孩子养宠物在很多父母看来是件很麻烦的事。一方面,父母怕孩子心血来潮,喜欢几天就不喜欢了;另一方面,父母担心孩子不会照顾小动物。这该怎么办呢?

需要做的事情

1 考虑孩子和家庭是否做好了养宠物的准备

- 专家建议孩子最好6岁以后养宠物。父母要考虑孩子是否能够照顾或者帮忙照顾一个小动物。
- 观察孩子在与小朋友互动的时候是否具备自我控制力和纪律性。
- 如果亲戚或朋友家里养宠物,带孩子去看一看,注意安全,看看孩子和小动物相处起来怎么样。
- 充分考虑家里的条件和生活方式是否适合养宠物、养多大的宠物、谁来辅助孩子照顾宠物。
- 把养宠物的日常开销计算到家庭开支里面。

2 协助孩子选择和照顾宠物

- 选择宠物。可以试着先养一段时间金鱼,因为养金鱼不需要太多的精力和经济基础。养金鱼主要可以考察孩子照顾宠物的耐心和恒心。

- ▶ 综合考虑不同宠物的优缺点。荷兰猪、小仓鼠、小鸟、小猫、小狗等都是可以考虑的。
- ▶ 领养代替购买。真正喜欢动物的动物保护主义者都遵循这条规则。
- ▶ 咨询兽医有关打疫苗和驱虫等事项。
- ▶ 和孩子一起照顾宠物，让孩子做力所能及的事。

3 呵护孩子对小动物的爱心

- ▶ 如果决定拒绝孩子，请和孩子说清楚不能养宠物的原因。
- ▶ 如果家里不方便养小猫、小狗，可以考虑养金鱼、小鸟、小乌龟。
- ▶ 经常带孩子去动物园，和孩子约定在固定的时间去看望他的动物朋友们。
- ▶ 如果条件允许，可以带孩子参与动物救助组织的义工慈善活动。

4 避免出现以下不恰当的教育行为

- ▶ 不理会孩子的诉求。孩子的诉求是不能通过回避、无视而解决的，父母的故意忽视只能让孩子感到不解，产生挫败感。
- ▶ 全盘否定孩子的诉求。孩子想要养宠物不是错误，只是一种意愿，全盘否定会让孩子觉得自己的想法很荒诞或者不重要。
- ▶ 盲目地满足孩子的愿望。花钱给孩子买宠物，却不懂养宠物的知识，不知道培养孩子的责任心和爱心，只能让养宠物这件事变成一种三分钟热度的事。

想知道原因吗

孩子吵着要养宠物，是因为孩子看到可爱的小动物就非常喜欢，小动物可爱的样子、憨憨的动作，都会引起孩子怜惜和疼爱的情感。同时，这种想要照顾小动物的愿望，其实是伴随着责任心等一系列品质而发展起来的正常心理需求。孩子要养宠物的具体原因见下表。

孩子想养宠物的原因

序号	原因概括	具体分析
1	偏爱小动物。	小动物小小的身体、软软的绒毛等让它们看上去非常可爱，幼儿十分喜欢。
2	责任心、爱心等道德品质和亲社会行为的发展。	孩子在2岁左右就可以出现利他行为，通过分享、合作和帮助等亲社会行为表达对他人的无私关注。而亲社会行为的发生也伴随着道德水平的发展，幼儿对待身边的事物更有责任心，这些积极品质的发展就会促使幼儿对宠物产生照顾和关怀的情感。

> **黄金小建议**
>
> 请综合评估家里的情况，看家中是否适合养宠物再做决定。试着帮助孩子照顾小动物，想想看，有小动物陪伴的童年是多么美好啊！

如何应对孩子爱发脾气

> **名家智语**
>
> 假若孩子在实际生活中确认,他的任性要求都能满足,他的不听话并未招致任何不愉快的后果,那么就渐渐习惯于顽皮、任性、捣乱、不听话,之后就慢慢认为这是理所当然的。
>
> ——苏联教育家苏霍姆林斯基

孩子常常发脾气,有时是因为愿望未被满足,有时竟然没有缘由。孩子大声哭闹,甚至撒泼耍横,父母应该怎么办?

需要做的事情

1 提前为孩子播下规矩的"种子"

- 在每次活动前,告诉孩子什么可以做、什么不可以做,向孩子讲清楚如果做错了事情要受到什么惩罚。
- 规矩的执行要严格,让孩子理解规矩的不可动摇性,规矩是不能因为孩子的大哭大闹而改变的。

2 引导孩子用言语而非行动来表达感受

- 孩子的言语表达能力还有待完善,有时会选择发脾气的方式来表达自己的情绪,父母可以询问孩子发脾气的原因,鼓励他用言语而非哭闹或攻击等方式来表达自己的感受。
- 如果孩子一时间无法说清自己为什么发脾气,就给他一点儿时间,让他想一想其中的原因。哪怕孩子表达得不太清楚也没关系，让他试着用语言来表达内心的想法。

3 洞悉孩子发脾气的原因，视情况选择解决办法

▶ 孩子发脾气的原因多种多样，父母只要留心观察就会发现孩子的需要，"对症下药"才能快速解决问题。

▶ 年龄小的孩子有时只是以发脾气来寻求父母的关注，父母只要抱抱他、陪他玩一会儿，就能使他停止哭闹。

▶ 如果孩子因为轻微的磕碰或刚刚睡醒等小事要发脾气时，父母可以采用转移注意力的方法来避免一场哭闹，用玩具或其他有趣的事物吸引他的注意。

▶ 孩子吵闹着想要一个玩具不肯罢休，父母如果不能满足，可以告诉孩子不买的原因，如"这个玩具太贵了"，并提出几个解决方案供孩子选择，如"买一个便宜的""不买但是可以陪你玩一会儿这个玩具""等我们攒够了钱再来买"等。

▶ 有的孩子会通过发脾气来发泄心里的不满、愤怒等情绪，父母可以鼓励孩子通过其他方式来释放心里的负能量，如画一幅表达愤怒的画、大声唱歌等。

▶ 如果无论你怎么做都无法阻止孩子哭闹，可以安静地等待一会儿，让孩子一个人平静一下，告诉他随时可以过来告诉你究竟发生了什么事。

4 以身作则，给孩子示范正确的情绪表达方式

▶ 孩子很会模仿父母的行为，所以父母要控制自己的情绪，不对孩子乱发脾气，也不用发脾气来处理问题，这样教育孩子才有说服力。

▶ 父母心情不佳时，可以用言语向孩子表达自己生气、不开心的感受，如"因为……我感觉很难过，我希望……"。

▶ 父母自己也需要选择合适的方式平复负面情绪，如告诉孩子"我现在

很难过，听一会儿音乐，我会感觉好一点儿"。

5 避免出现以下不恰当的教育行为

- 以暴制暴。以打骂来震慑孩子，让其不要发脾气，孩子可能因为害怕而不敢发脾气，但他也没机会学习合理表达情绪、解决问题的方法。
- 因孩子发脾气而成全孩子。如果父母因为孩子发脾气而让步，孩子会发现发脾气可以让父母满足他的要求，他一定会继续用这个方法达成其他愿望。
- 让孩子"利用"你的情绪。孩子可以通过对父母情绪的感知，把握自己行为的尺度，从而找准时机"任意妄为"。

想知道原因吗

孩子在2岁前，各种情绪就陆续显现出来。刚出生时，孩子会表现出喜怒哀乐等与生俱来的基本情绪。2~7个月时，孩子能够通过踢腿、抓握等动作表达愤怒、悲伤、快乐等情绪。随着亲子互动的日益增多以及孩子自我意识的提高，1~2岁的孩子开始表现出尴尬、害羞、骄傲等复杂情绪。但是，由于生理、心理发展都还不完善，孩子经常以极端的、不加掩饰的方式表达情绪，且很难有效地控制自己的情绪。尤其是遇到不顺心的事或解决不了的问题时，孩子很容易发脾气。

我们将孩子爱发脾气的原因总结在下表里，方便您了解。

孩子爱发脾气的原因

序号	原因概括	具体分析
1	表达情绪的方式。	孩子在自己的需求得不到满足或者感到不适的情况下，很容易发脾气。他们常常通过翻滚、尖叫、跺脚、踢打等方式来表达自己的消极情绪。

续表

序号	原因概括	具体分析
2	情绪控制能力差。	孩子的神经系统发育不完善，尤其是涉及抑制功能的前额皮层、与情绪相关的边缘系统发育不完善，这使得孩子不能有效调控自己的情绪。另外，孩子缺乏有效的情绪自我调节策略。

黄金小建议

孩子发脾气是要表达某种小情绪，只是选错了方式。父母可以引导孩子学会用语言来表达情绪，而非哭闹行为。

— 情绪与情感 —

如何对待敏感脆弱的孩子

> **名家智语**
>
> 不是锤的打击，而是水的载歌载舞，才使鹅卵石臻于完美。
>
> ——印度诗人泰戈尔

有些孩子敏感而脆弱，他们开不得玩笑，更听不得批评。如果对他们稍微严厉些，他们便皱着小脸、噘着嘴巴，难受的样子活脱脱像个"小林黛玉"，这可怎么办？

需要做的事情

1 温暖的家是孩子坚强的后盾

- 敏感脆弱的孩子非常缺乏安全感，更需要父母的关爱。温馨的家庭氛围让孩子感觉舒适和放松，是孩子产生安全感的基础。
- 给孩子无条件的爱。不论孩子样样表现俱佳还是不甚可爱，父母都爱他，而不是只有表现好时才喜爱。
- 关注孩子的优点。比如，敏感的孩子可能爱观察，父母可以静静地看着孩子入神地观察，等结束后再抱抱他，对他说："你认真观察的样子真可爱！"
- 倾听和尊重孩子。面对孩子怯懦、退缩等行为，父母的第一反应不应该是皱眉头，而是耐心地问孩子"怎么了？""为什么？"
- 尽量少批评孩子。如果敏感脆弱的孩子做错了事，不要当着别人的面批评他，而是选择其他人不注意时，悄悄地说出他的错误之处，并鼓励他改正。

2 帮助孩子预热陌生情境，增加克服困难的勇气

- 遇到陌生的人或事的时候，敏感脆弱的孩子更容易退缩、怯懦。父母可以提前告诉孩子可能发生的情况，并帮助孩子练习应对的办法。
- 去新的绘画班前，告诉孩子在那里会见到新的老师和小朋友，老师会教大家画画，可以事先陪孩子准备画笔和画纸。
- 亲朋聚会前，告诉孩子会见到叔叔、阿姨和一个漂亮的小姐姐，大家会一起吃饭，小姐姐会带他一起玩，等等，还可以陪孩子提前练练简单的自我介绍。

3 多进行体育锻炼，让孩子柔软的内心逐渐坚强起来

- 身体上的力量感有助于缓解孩子心理上的敏感脆弱，外在的力量能够给予孩子内心的支持。
- 带孩子参加户外活动。爬山、徒步、野营，或者去公园撒欢，使孩子不仅能亲近自然，还能强健身体，自然而然地形成力量感。
- 让孩子培养一项运动爱好。先让孩子尝试各类运动，如游泳、打球、滑冰等，每项运动都是对不同动作和技巧的练习，为最终选择一项运动做准备。然后，根据孩子的兴趣和能力，选择一项喜欢的运动并让他坚持下来。

4 避免出现以下不恰当的教育行为

- 当众揭短。在众人面前说孩子的不足或糗事，会严重挫伤孩子的自尊心，尤其是对于敏感的孩子，会使他们更加怯懦和退缩。
- 贴标签。常常评价孩子胆小怯懦、敏感爱哭，负面的暗示让孩子认为自己就是这样而且不可改变。
- 吓唬。凶巴巴地告诉孩子"你再这样，就不要你了"，这样的话，敏

感的孩子会当真，产生恐惧心理，不知道该怎么办。
- ▶ 教育观念不一致。如果祖辈和父辈的教育观念和教养方式相差太大，孩子会敏锐地察觉到双方的差异，学会察言观色、区别对待，在不知不觉中变得更加敏感。

想知道原因吗

敏感、脆弱、胆小、怯懦的"玻璃心"孩子，气质类型是典型的抑郁质。抑郁质的孩子对外界刺激的反应很敏锐，情感体验深刻、持久，且行动迟缓、多愁善感、优柔寡断。

我们将孩子敏感、脆弱的原因总结在下表里，方便您了解。

孩子敏感、脆弱的原因

序号	原因概括	具体分析
1	对环境中的微弱刺激都很敏感，且情绪反应强烈。	抑郁质孩子大脑皮层的兴奋和抑制活动很弱，尤其是兴奋过程，因此他们的感受阈限低，即感受性强，但耐受性低。
2	反应速度慢，环境适应能力弱。	敏感的孩子总是羞于尝试，缺少探索和体验，而缺乏社会经验的孩子常常迟疑不前，很难迅速融入新环境。

孩子的气质与生俱来、与众不同，并无好坏之分。每种气质类型的孩子都有着独特的优势，抑郁质的孩子通常有很强的观察力，善于发现，也很易于形成细心、自律、富有同情心的品质。他们需要父母更多的陪伴，浓浓的爱终能让他们慢慢蜕变。

> **黄金小建议**
>
> 敏感而脆弱的孩子更需要爱的滋养，父母要引导孩子把心中的爱化成力量。另外，运动是个能使人变坚强的好办法。

如何帮助孩子克服对陌生人的恐惧

> **名家智语**
>
> 人类总是害怕自己未知的东西。
>
> ——作家张爱玲

1岁左右的孩子见到陌生人时，会退缩、躲闪，甚至大声哭闹。父母常常不理解："孩子以前并不这样，怎么会突然认生呢？"面对这种情况，父母应该怎么办？

需要做的事情

1 熟悉的怀抱是最安全的"领地"

- 外出见到陌生人，爸爸或妈妈把孩子抱在怀里，能够让孩子安心。例如，带孩子去医院打针，有时孩子并不是害怕打针，而是害怕打针的陌生大夫，把孩子抱在怀里可以给孩子安全感。
- 陌生人到家里做客，孩子反应特别强烈时，父母可以把孩子暂时带离现场，给孩子一个温暖的拥抱，这样能够迅速缓解孩子的不安情绪。
- 当孩子能够与陌生人共处一室时，父母也要留在孩子的视野范围内，以保证在孩子感到拘谨时及时出现。

2 提前预热，让孩子做好心理准备

- 见陌生人前，父母向孩子介绍即将见面的外人，让孩子提前了解一些

情况。例如，告诉孩子："他（她）很喜欢你，你的蓝色小水壶就是他（她）给你买的呢！"
▶ 父母可以把孩子与陌生人的初次见面安排在家里。家是孩子熟悉的地方，孩子能够更快地克服不适感。

3 给孩子做出恰当的回应与示范

▶ 陌生人靠近时，孩子会感到紧张、手足无措，通常会抬头看向父母，寻求帮助。这时，父母可以给予温柔的回应，让孩子放心去探索。例如，告诉孩子："没关系，妈妈在这里，你去玩吧！"
▶ 父母温和地向孩子介绍陌生的叔叔、阿姨，孩子会感受到这是爸爸妈妈都喜欢的人，就不会那么害怕了。

4 避免出现以下不恰当的教育行为

▶ 强迫孩子接近陌生人。父母有时不理解孩子接触陌生人时的强烈反应，甚至在孩子抵触的情况下让陌生人抱他，这会让孩子更加害怕，而且未来会更加惧怕靠近陌生人。
▶ 忽视孩子的不安情绪。如果父母不理会孩子的退缩、哭闹行为，没有及时进行安抚，孩子会感到孤立无援，没有安全感。

想知道原因吗

面对陌生人，婴幼儿会出现害怕、抵触的反应，这种现象叫作"陌生人焦虑"。随着孩子能够区分陌生人和熟人，以及母子关系的愈加亲密，孩子面对熟悉的抚养者会做出微笑、亲近等积极反应，而面对陌生人会做出退缩、哭闹的消极反应。"陌生人焦虑"现象一般在孩子6~8个月时发生，孩子开始害怕陌生人，在8~12个月大时达到高峰，孩子明显怕生。直到2岁左右，这种现象逐渐消失。

从进化的角度讲，孩子之所以害怕陌生人，是因为孩子会本能地把陌生的面孔与环境判断为危险信号，因此感到恐惧，而熟悉的陪伴能给孩子带来安全感。另外，年幼的孩子能够记住熟悉的抚养者的样子，当陌生人出现时，孩子会发现这不是他熟悉的人。但是孩子无法解释这个陌生人是谁、发生了什么事，因此会感到害怕。

> **黄金小建议**
>
> 陌生人靠近时，父母需要在孩子的视野范围内，或将孩子抱在怀里，然后和陌生人打招呼、聊天，孩子就会慢慢放松警惕，伸出友好的小手。

如何提高孩子的独立性

> **名家智语**
>
> 孩子有四个成长阶段：抱起我，抱紧我，放下我，对我放手。
>
> ——美国演说家托蒂·伯德

有的孩子三四岁了，还需要父母帮他洗脸穿衣，喂他吃饭喝水，似乎想要什么东西只要伸伸手指、动动嘴就好。面对这种情况，父母该怎么办呢？

需要做的事情

1 制作"独立完成事项记录表"，鼓励孩子自己的事情自己做

- ▶ 跟孩子商量每日要独立完成的事项，如穿衣、刷牙、吃饭等，写在表格中。
- ▶ 每天清晨孩子起床时，抱抱他，提醒他表格中的约定。
- ▶ 若孩子独立完成某一事项，父母同孩子一起贴上小表情☺。
- ▶ 若孩子未能独立完成，贴上小表情☹，询问并记录孩子没有完成的原因。
- ▶ 将记录表贴在孩子的房间，最好是他一起床就能看到的地方。

独立完成事项记录表

日期	穿衣	洗脸	刷牙	吃饭	没有完成的原因
1.1	☺	☹	☹	☺	孩子不愿意沾水，不想自己洗漱。

2 巧用生活情境，让孩子变身生活的小主人

- 在日常小事中教育孩子，激发和培养孩子做事的积极性和主动性，让孩子体验到做某件事的乐趣。
- 吃饭前，父母可以温柔地询问孩子："你愿意为大家分发碗筷吗？"待孩子完成后，别忘了亲亲他、抱抱他或者夸夸他。
- 父母在做家务如浇花时，如果孩子在一旁跃跃欲试，可以给他一个小水壶，并为他示范该怎么做。
- 孩子偶尔也想偷懒，想要父母帮忙，父母可以用游戏或其他有趣的方式让孩子自己做某事，如比比谁收拾玩具更快、更整齐。
- 当孩子提出"我自己来"的请求时，在确保孩子安全的情况下，尊重孩子的自主愿望，放手让孩子尝试。

3 避免出现以下不恰当的教育行为

- 阻止孩子独立做事。当孩子说"我要""我会""我自己来"时，父母想的或者说的是"受伤怎么办""你还不能做，还是我来吧""能不能自己穿衣服不重要，有时间就多读书"。这些想法非但不是对孩子的保护或帮助，反而会伤害孩子，阻碍他独立和自由地成长。
- 批评孩子的过失。孩子太小，很多事即使他想自己做，也很有可能会弄巧成拙。当孩子把事做得一团糟时，有的父母可能会心急，甚至会责备孩子，而后就不让孩子继续做或者再次尝试了。事实上，父母也不能保证什么事情都得心应手，这样做对孩子来说是不是太不公平了？
- 无视孩子的求助。在孩子寻求帮助时，以不关注、不回应的方式要求孩子过早地独立。冷眼旁观可能短时间内会有不错的成效，但会使孩子陷入孤立无援的境地，这样生硬的、没有爱的快速成长又有什么意义呢？

想知道原因吗

孩子刚出生时,什么都不会做,每时每刻都需要父母的帮助。当孩子2~3岁时,他们开始以第一人称"我"称呼自己,开始出现"给我""我要""我会""我自己来"等具有自我独立意向的语言。而且,他们的手脚也变得灵活,开始尝试着自己做事。

孩子缺乏独立性的根本原因并不在于孩子自身,而在于父母的教养态度和行为。具体表现为:第一,不忍心孩子受苦受累,担心孩子受伤,为孩子包办一切;第二,认为孩子做不到,索性不让孩子做,如告诉孩子"你可做不了,还是我来吧";第三,只关注孩子学会了什么,其他的做不做不重要,如认为孩子能不能自己穿衣服不重要,有时间应该多学学英语。

> **黄金小建议**
>
> 亲爱的爱长,别因为所谓的顾虑束缚孩子探索的欲望,您可以陪伴孩子探索,但绝不能禁止孩子探索。

如何对待慢热型孩子

> **名家智语**
>
> 教育的象征，是溪边沃土里的种子。一粒种子，包含着一棵树的全形；一个婴孩，涵括着一个人人格的潜力，只待渐渐地开展、成长。
>
> ——瑞士教育家裴斯泰洛齐

有的幼儿很难适应新环境，不太会和小朋友相处，见到陌生人总是躲在父母身后，这该怎么办呢？

需要做的事情

1. 邀请小朋友来家里做客，促进孩子主动融入"朋友圈"

- 邀请小伙伴到家里玩儿是促进慢热的孩子进行社交的好办法，因为这可以给孩子充足的准备时间，而且家是孩子熟悉的环境，孩子会更轻松自如。
- 告诉孩子如何打电话邀请小朋友，然后让孩子自己发出邀请。
- 如果家中有小布告板，可以在上面写聚会的时间，提示孩子要做好准备。
- 同孩子一起计划聚会时的活动，并准备玩具、点心、饮料等。
- 如果想送小伙伴们礼物，可以制作一些有创意的笔记本。比如，买一些普通的笔记本，让孩子在上面画些小图案进行装饰。这样的小礼物既能增加孩子的成就感，又能让孩子更受欢迎。
- 聚会结束后，问问孩子："今天感觉怎么样？"和他聊聊都发生了哪些有趣的事，别忘了表扬孩子的进步，要具体地告诉孩子哪里做得好。

2 做好去幼儿园的准备，顺利解决入园困难

- 对于慢热的孩子，适应新环境是件比较困难的事，去幼儿园对于3岁的他们来说就是一大挑战，他们必须做好充分的心理准备才能尽快适应。
- 玩上课的游戏。父母和孩子轮流扮演老师和学生，父母可以给孩子讲一些幼儿科普知识。轮到孩子当老师时，让他也给父母讲点儿东西，说个故事也行。
- 带孩子去幼儿园转转，参观一下操场和教室，告诉他幼儿园有老师和小伙伴，他们会一起上课、做游戏等。
- 教孩子一些基本的沟通用语，如告诉老师"老师，我尿裤子了，请您帮我换一条裤子"，或者告诉小伙伴"我想和你一起玩"，等等。

3 扩大孩子的生活圈，让孩子慢慢"热"起来

- 带孩子亲近自然，接触新鲜事物，激发孩子的兴趣，如参观动物园、植物园或者徒步都是不错的选择。刚开始孩子可能兴致不高，父母不要气馁，可以给他讲些好玩的事。
- 让孩子帮邻居取牛奶，或者给邻居送些自己做的小饼干，可以偷偷告诉邻居："我的孩子很害羞，你可以抱抱他或者夸夸他，他会很高兴！"

4 避免出现以下不恰当的教育行为

- 贴标签。用拖拉、迟钝之类的词语指责孩子，会给孩子造成心理负担，孩子也会因为害怕批评而无所适从。
- 强人所难。强迫孩子迅速适应环境或与外人接触，会增加孩子对外界的恐惧感和挫败感。

▶ 进行消极的横向比较。拿慢热的孩子与活泼开朗的孩子进行比较，这会损伤孩子的自尊心，使其觉得自己不如别人，久而久之，孩子会变得自卑。

想知道原因吗

慢热的孩子其实很常见，他们总是看起来对新奇的事物缺乏兴趣，遇到陌生人也比较胆怯，即使和熟悉的人在一起，也总是很害羞或者顺从。我们将孩子慢热的原因总结在下表中，便于您了解。

孩子慢热的原因

序号	原因概括	具体分析
1	遗传因素。	如果父母慢热，对外界的感受能力不强，那么孩子对外界刺激的反应强度也会较弱，不太关注周围的变化。
2	教养方式的影响。	父母担心孩子受到伤害，可能会刻意避免孩子接触陌生环境或新异刺激，孩子由于缺乏经验而很难适应新环境。

> **黄金小建议**
>
> 孩子有着自己的成长步调和节奏，有爱的陪伴不是催促他赶上别人的步伐，而是放缓脚步，陪他看一路的风景。

如何应对孩子叛逆

名家智语

放弃对孩子的控制,才能获得更多的掌控权;不再强迫孩子听话,孩子才会开始听你的话。

——美国心理学家杰弗里·伯恩斯坦

2岁左右的孩子开始和父母唱反调,常常将"不"字挂在嘴边,父母越是不让他做的事情,他越是要尝试。这时候,父母应该怎么办?

需要做的事情

1 尊重孩子的意愿

- 叛逆是孩子在成长过程中自我意识提升的表现之一,他们并不是有意站在父母的对立面,而是急于表达自我,父母没有必要过于担心。
- 尽量少地直接要求孩子去做某件事,如"你该睡觉了",或询问孩子去做某事好不好,如"我们去吃饭好不好"。因为叛逆期的孩子会直接说"不要!""不好!"
- 提供有限制的选择,将最终选择权交给孩子。父母要注意选项必须是恰当和可以接受的。例如,"是否睡觉""是否吃饭"就是不恰当的选项,父母可以让孩子决定"现在就睡觉,还是讲一个故事再睡觉"。而"要么去幼儿园,要么再也不去幼儿园了"就是不可接受的气话,可以让孩子选择"今天是爸爸送你去幼儿园,还是妈妈送你去幼儿园"。
- 如果孩子拒绝任何选择,甚至大发脾气,父母有必要耐心地询问其中的原因，倾听孩子内心真正的需要，也许是父母忽略了孩子的某些重要感受。

2 放手让孩子独自探索

- 当孩子说"我要""我会""我自己来"时，在安全的前提下，父母不要阻拦，放手让孩子去体验、去锻炼、去成长。
- 当孩子主动要求自己叠被子时，即使父母已经叠好了，也要同意他把被子打开重新叠。此时，如果父母因为觉得耽误时间或是嫌麻烦，偏不让孩子做，就会打击孩子内心渴望证明自己的积极性。
- 孩子时常由于缺乏实践经验而高估自己的能力。例如，孩子主动要求拿碗筷，因为一次拿太多而半路摔碎了碗，这时父母要让孩子学会承担后果，并指导孩子如何处理此类小麻烦。

3 放手但不放纵

- 孩子有时会提出无理的要求，如想要挖花盆里的土玩，这时，直接制止孩子的行为很可能起到适得其反的效果，父母可以尝试用其他有趣的活动吸引孩子的注意力。
- 孩子时常会用哭闹、喊叫来表达自己的不情愿，如果父母以暴制暴，可能引发孩子更激烈的反抗，或者吓得孩子再也不敢表达情绪。父母可以适当地不理睬，孩子发现没有人关注他，慢慢地就会减少使用哭闹的办法。

4 避免出现以下不恰当的教育行为

- 不允许孩子说"不"。强制孩子服从，打压一切反抗，久而久之，会使孩子放弃表达自我。
- 反应过激。孩子叛逆主要是出于探索和表达自我的欲望，父母没有必要过于担忧或愤怒。
- ▶ 无休止地担心。无论孩子做什么都喜欢在旁边指手画脚,这导致孩子没有自己的独立空间,出现更多的"唱反调"行为。

想知道原因吗

2~4岁是孩子发展过程中的第一个叛逆期。随着孩子自我意识的萌发,他们试图摆脱父母对其身体和行为的控制,想要感受自己的力量,渴望探索新世界。美国心理学家埃里克森提出,2~4岁孩子的发展任务是获得自主感,他们坚持自己进食、排泄等行为方式,开始用"我要""我想""我不"来反抗父母的安排。此时,家庭教育要顺应孩子的发展规律,不可过分严苛,以免伤害孩子的自主感和自我控制感。如果父母对孩子的保护或惩罚不当,孩子可能会怀疑自己,羞于表达。

我们将孩子叛逆的原因总结在下表里,方便您了解。

孩子叛逆的原因

序号	原因概括	具体分析
1	自我意识萌发。	孩子意识到自己作为独立个体的存在,试图挣脱父母的控制,希望感受和证明自己的力量。
2	父母教养方式的影响。	父母如果对孩子过于严厉,经常要求孩子做某事,孩子就容易产生反抗心理。另外,父母如果常说"不",孩子也会模仿。

> **黄金小建议**
>
> 叛逆可能是成长过程中一个美丽的"误会",年幼时的叛逆是孩子表达自我的稚嫩方式,倾听他的愿望,如果合理,就放手让他去做吧!

如何应对孩子性格孤僻

> **名家智语**
>
> 万物皆有裂缝，那是光照进来的地方。
>
> ——加拿大小说家莱昂纳德·科恩

有些孩子性格非常孤僻，常常一个人待在角落里，不喜欢与人交流，也不爱与同伴一起玩耍。当有小朋友想同他一起游戏时，他总是迟疑和抗拒。面对这种情况，父母应该怎么办？

需要做的事情

1 小小玩偶，打开心扉

- 性格孤僻的孩子不擅长与人交流，即使是亲近的人也需要花费很多时间才能走入他的内心，而玩偶游戏更容易打开他的心扉。
- 当孩子看起来心情不佳时，父母可以拿着玩偶，以玩偶的角色和语气同孩子对话，询问孩子发生了什么事情，安慰孩子并帮助孩子解决问题。交流结束后，可以用小玩偶亲亲孩子的小脸。

2 让孩子照料宠物"朋友"

- 养一只宠物是件很有爱的事情，孩子会把宠物当成朋友，向它倾吐心声。
- 如果孩子喜欢小动物，可以考虑让他养只小宠物。
- 提前告诉孩子养宠物都需要做什么，如果他认为自己可以做到，再进行下一步。

- 买宠物，同孩子一起为它起名字、布置新家。
- 教孩子如何照顾宠物，包括喂食、添水、洗澡、外出运动等。
- 经常陪孩子一起照顾宠物，增加愉快的亲子互动时间。
- 一定要注意安全和卫生。

3 鼓励孩子与小伙伴分享读物

- 孤僻的孩子一般比较内向，可能偏爱安静的活动，比如阅读。如果是这样，那么同其他小伙伴分享喜欢的读物就是一种不错的社交活动。
- 建议孩子挑选喜欢的读物与身边的小伙伴分享。
- 可以指导孩子如何表达分享读物的愿望。
- 如果对方也想要分享一本读物就更好了，互相交换喜欢的读物可能就是小小友谊的萌芽。

4 教孩子表达喜爱与感激之情

- 多与孩子聊聊他喜欢的人，鼓励他勇敢地表达喜爱或感激之情。
- 孩子可能羞于表达，那么让他把想说的画出来或写下来，然后装在信封里送给对方，这是个含蓄而又温馨的好办法。
- 鼓励孩子自己把信封送给对方，可以悄悄提醒对方给孩子一个大大的拥抱。

5 避免出现以下不恰当的教育行为

- 忽视孩子的感受。孤僻的孩子往往很孤独，父母的忽视会让他感觉自己不被关爱、不被关心。
- 轻视孩子的问题。简单地以为孩子只是喜欢独处，并不是什么严重的事情，这会使孩子更加封闭在自我的世界内。
- 强迫孩子改变。急于改变会让孩子觉得自己不被接纳，所有人都想彻底改变自己，从而加重心理负担。

想知道原因吗

性格孤僻的孩子一般比较内向、寡言，情感不太外露，不喜欢与其他人接近、交往。他们缺乏社会交往方面的兴趣和经验，不爱与小伙伴一起玩耍，喜欢单独的、安静的游戏。性格孤僻会给孩子的成长带来很多问题和隐患，使得家长们非常忧虑。孩子性格孤僻，是由气质和家庭环境两方面的因素导致的。

我们将孩子性格孤僻的原因总结在下表里，方便您了解。

孩子性格孤僻的原因

序号	原因概括	具体分析
1	气质特点决定的。	气质特点导致相应的行为表现。性格孤僻的孩子气质特点为唤醒阈限、活动水平和活跃程度低，主导心境是消极抑郁、多愁善感。他们内在体验深刻而持久，但外在反应弱且消极。
2	外在因素导致的。	首先，孩子在婴儿期如果与母亲未建立安全依恋关系，将缺少安全感和对他人的信任感。其次，孩子经历过父母离异或病故等重大变故，但却未得到及时的心理疏导或关爱，容易导致性格孤僻。再次，孩子如果有过多的失败交往经历，将会产生退缩心理。

黄金小建议

气质与生俱来，没什么好坏之分。父母可以根据孩子的特点，为孩子打造专属的成长方式，而不要强求孩子变成父母想要的样子。

如何尊重孩子

> **名家智语**
>
> 儿童的尊严是人类心灵里最敏感的角落，保护儿童的自尊心就是保护儿童的潜在力量。
>
> ——苏联教育家苏霍姆林斯基

3岁左右的孩子，听到父母讲他的糗事，会很气愤地阻止父母。若是当众被批评，他更是会立刻放声大哭。孩子已经知道要面子了吗？父母该怎么办呢？

需要做的事情

1 倾听孩子的心声

- 倾听是尊重的第一步，父母总是习惯于把自己的想法"无私"地灌输给孩子，殊不知孩子也渴望发声，也有自己的想法。
- 进行游戏、读书等日常活动时，如果孩子有表达的欲望，父母不要阻止、打断，要有简单的回应，如点头、微笑，还可以继续顺着孩子的话和他交流，比如问他："为什么这样想？""你想怎么做？"
- 孩子闷闷不乐或放声大哭的时候，耐心地询问孩子难过的原因，让孩子知道有人认真对待他的感受。在父母温暖的拥抱中说出自己的小烦恼是孩子情感宣泄的最好渠道。
- 孩子常常不能完整而准确地表述那些让他情绪失控的事件，父母可以询问孩子："因为……你感觉很不开心，是吗？"帮助孩子更恰当地表达感受，进而发现孩子情绪失控的真正原因。

2 给孩子选择的机会

▶ 父母总是把自己认为最好的东西给孩子,却忘了问问孩子那是不是他想要的,给他最好的不如给他最想要的。把一些选择的权利交给孩子,他收获的不仅仅是中意的选项,还有思考和判断能力。

▶ 对于年龄较小的孩子,父母可以提供一些选项供他选择。例如,吃苹果还是香蕉?玩积木还是小火车?父母要尊重孩子的意愿,让他自己决定吃什么、玩什么等,而不要完全按父母的意愿安排孩子的日常生活。

▶ 对于年龄稍大一点儿的孩子,父母可以让他自己决定穿哪件衣服、读哪本故事书、买哪个玩具等。这让孩子感到自己很重要,有能力做出选择,同时孩子在选择中也学会思考和权衡。

3 尊重孩子的选择和决定

▶ 如果给了孩子选择的机会,就不要再试图左右孩子的选择。在安全的范围内,不论对与错,尊重他的选择,让他能乐享抉择,也能勇担后果。

▶ 如果孩子选择的任务做起来困难重重,父母可以给予适当的指导或建议,鼓励孩子通过自己的努力完成任务,孩子会在探索的过程中获得满满的控制感和成就感。

▶ 如果孩子选择的任务以失败而告终,那也没关系。父母要引导孩子分析失败的原因,让孩子学会为自己的选择负责,并在未来的选择中变得更加慎重。

4 避免出现以下不恰当的教育行为

▶ 当着众人的面批评孩子。将孩子的错公之于众,会让孩子很难堪。孩子有错,父母可以私下说,让他认识到错误并改正。

▶ 拿孩子的糗事当笑料。父母的一句玩笑话可能会无意间刺痛孩子敏感的自尊心，孩子可能会把玩笑理解为嘲笑，把糗事当作无能的表现。
▶ 辱骂或体罚孩子。通过辱骂和体罚让孩子承认错误等于践踏孩子的自尊心，孩子会因此怀疑父母对自己的爱，怀疑自己。

想知道原因吗

自尊是个体通过对自我能力和自我价值进行评价而产生的情感体验，由能力感和价值感组成。孩子在3岁之后经常会用各种行动来传达自己内心的声音："请尊重我！"这时，孩子的自尊心就已经开始萌芽了。

在婴幼儿阶段，自尊主要源于孩子对事物的掌控感和亲子依恋带来的归属感，这是一种处在行动水平的自尊。如果孩子能够控制自己的身体活动，顺利地完成各项日常活动，并且感受到来自父母的关爱，获得安全感，就会产生积极的情绪，从而收获自尊与自信。

> **黄金小建议**
>
> 小孩子也有自尊心。多听听他的声音，他就眉飞色舞；多问问他的想法，他就满心欢喜。

如何不让孩子多管闲事

> **名家智语**
>
> 凡是帮助别人，而帮助时的态度不好，使得别人感到不安的人，从别人的幸福来看，他是不会受到欢迎的。
>
> ——英国哲学家洛克

在生活中，父母和幼儿园老师会发现一些孩子总是喜欢多管闲事（如打抱不平），结果反而带来不少的纠纷（孩子之间闹矛盾，不知情的家长来讨说法）。本来不关他的事，他非要上前去管一管，闹得大家都不开心。遇到这种情况，父母该怎么办呢？

需要做的事情

1 明晰多管闲事的原因，不要误解孩子的行为

▶ 父母要辨明孩子多管闲事的原因，区别对待孩子多管闲事的行为。例如，孩子多管闲事可能是想要帮助老师维持纪律，那么其出发点是好的，父母和老师要表扬其行为的动机。

▶ 保护孩子乐于助人的好品质。孩子多管闲事，很多时候是想要帮助他人（如小明抢小红的玩具，孩子想要帮小红抢回来），只是缺乏经验，把握不好度，结果好心办坏事。父母应保护孩子的正义感，让他充满正能量。

2 教授孩子社交技巧，让孩子学会与人相处

▶ 有意识地教孩子一些社会交往技巧。例如，发现同伴打架时微笑着用平和的语气说："你们都是好朋友，不要打架了，老师来了会批评你们。"

▶ 平时注意观察孩子与同伴的交往行为，一旦发现问题，及时与孩子进行沟通交流，指出不当之处。例如，孩子粗暴地用打人的方式来多管闲事，父母就要严肃教育孩子。

3 制作"孩子多管闲事记录表"，探究孩子行为背后的原因

孩子是不喜欢听成人说教的，父母不妨想一些能引起孩子兴趣、能让他们听进去的小妙招。例如，动动笔，记录孩子多管闲事的行为，与孩子在记录的过程中学习、成长。

▶ 父母和孩子一起记录孩子多管闲事的行为（干了什么，是否恰当）。
▶ 孩子说一说自己多管闲事的原因。
▶ 记录父母的应对策略（父母是如何处理这些情况的，又给了孩子什么样的教育）。
▶ 亲子交流，进行每周总结。

孩子多管闲事记录表

日期	多管闲事的行为	背后的原因	父母的应对策略	每周总结
6.9	别人打架，上去拉架，结果被误伤。	想要劝阻他们别打了。	家长告诉孩子劝阻别人的方法。	

4 避免出现以下不恰当的教育行为

▶ 感情用事。孩子多管闲事导致教师、其他家长和小朋友来告状，家长觉得很没有面子，常常失去理智，一味批评、指责孩子。这样做会让孩子受伤，他要么变本加厉地重复这种行为，要么变得沉默而退缩。

▶ 忽视孩子的想法。很多时候，成人总是忘记孩子心理发展不成熟、社会经验少的情况，站在自己的角度对孩子发号施令："不许再多管闲事，也不要再跟我讲什么理由，你照做就是了。"这些话孩子未必能懂，结果只能是双方都产生极大的挫败感。

想知道原因吗

不少孩子都会出现多管闲事的行为，这和孩子的心理发展水平以及与人交往的愿望有关。我们将孩子喜欢多管闲事的原因总结在下表里，希望您能更好地读懂孩子。

孩子爱多管闲事的原因

序号	原因概括	具体分析
1	认知发展不成熟，不清楚别人的需要。	孩子往往有帮助他人的意识，但是由于认知发展不成熟，往往较难正确理解他人的想法和需要，导致越帮越忙。
2	有建立社会联结、与人交往的需要。	心理学研究发现，孩子从一出生就有与人建立联结的需要，想要与他人进行社会交往，满足归属感。因此，管闲事就成为一些孩子与人交往的途径。

黄金小建议

孩子简单而敏感，他们的行为都有一定的缘由。父母既不要坐视不理，也绝不夸大消极的方面，而应该放低姿态，及时关切孩子的想法，探知行为背后的真正原因，帮助孩子学会"管闲事"。

如何使孩子不怕乘坐电梯

> **名家智语**
>
> 勇者不是感觉不到害怕的人,而是克服自身恐惧的人。
>
> ——南非前总统曼德拉

3岁左右的孩子,非常惧怕乘坐电梯,一进入电梯里,就满脸通红,身体发抖,不敢抬头,需要身边的爸爸或妈妈将他抱在怀里才能稍微平复惶恐的情绪。面对这种情况,父母应该怎么办?

需要做的事情

1 制作"孩子惧怕电梯记录表",分析孩子畏惧电梯的心理原因

孩子不敢乘坐电梯的表现有很多,有的是见到电梯时有惧怕表现,有的是害怕站在电梯的狭小空间里,还有的是在电梯加速与减速过程中身体不适。因此,父母应该详细记录孩子惧怕电梯的表现,再仔细分析原因。

- ▶ 在表格中记录与孩子一同乘坐电梯的人的特征,包括长相、性别等,观察孩子乘坐电梯时的表情并记录。
- ▶ 详细记录孩子惧怕电梯的表现。
- ▶ 留意孩子惧怕电梯的时长。

孩子惧怕电梯记录表

日期	一同乘坐电梯的人的特征	孩子惧怕电梯的表现	惧怕时长
7.1	一名陌生青年男子,着工作服;一名中年妇女。孩子看见未做出任何反应。	电梯关门时拉住爸爸的手,不敢睁开眼睛。	走出电梯之后立刻恢复正常。

续表

日期	一同乘坐电梯的人的特征	孩子惧怕电梯的表现	惧怕时长

2 乘坐电梯前，父母需要这样做

▶ 告知孩子电梯是一种安全且便捷的运送工具，它是人们上楼和下楼的好帮手，还可以帮助我们运输货物等。

▶ 带孩子观看别的小朋友和家长一同乘坐电梯，眼见为实，孩子才能从根本上缓解焦虑。

▶ 为孩子讲解乘坐电梯的安全事项，反复强调电梯的安全性，告诉孩子电梯不能正常运行时要使用紧急呼叫设备。

3 乘坐电梯时，父母需要这样做

▶ 细心询问孩子不敢乘坐电梯的原因。例如，耐心地询问孩子："乘坐电梯的时候你会想到什么？""能说一下为什么害怕吗？"

▶ 安抚孩子不安的情绪。当孩子害怕时，用语言或者动作去安抚孩子，缓解孩子不安的情绪。

▶ 乘坐过程中，父母一定要站在孩子的视线范围内，开始牵着孩子的双手，与孩子面对面并聊天，这样可以分散孩子对电梯的注意力，然后放下孩子的一只手，最后放开两只手，鼓励孩子在电梯中独立站着，并夸奖孩子："你真是个勇敢的孩子，可以乘坐电梯啦！"

4 走出电梯后，父母需要这样做

▶ 再次告诉孩子，乘坐电梯既安全又便捷，及时安抚孩子乘坐电梯过程中产生的恐惧心理。

5 避免出现以下不恰当的教育行为

▶ 强迫孩子独自乘坐电梯，这只会进一步增加孩子的恐惧心理。
▶ 面对孩子的畏惧表现，大声叫嚷或斥责，这样只会进一步增加孩子的不安、焦虑和恐惧情绪。
▶ 训练孩子乘坐电梯时缺乏耐心。父母的不耐烦、半途而废，会给孩子带来心理压力，增加孩子的畏难情绪。

想知道原因吗

孩子不敢乘坐电梯是正常的。它源于孩子缺少安全感。电梯是一个狭小的密闭空间，可能会引起孩子的视觉不适，从而产生心理压力，致使孩子安全感降低。此外，乘坐电梯过程中会有失重现象，前庭器官受到刺激，敏感的孩子可能会头晕，从而对乘坐电梯产生畏惧心理。再者，假如孩子之前在乘坐电梯过程中遇到过危险情况，也会对电梯产生恐惧心理。

我们将孩子害怕乘坐电梯的原因总结在下表里，方便您了解。

孩子害怕乘坐电梯的原因

序号	原因概括	具体分析
1	对电梯缺少安全感。	由于视觉器官和前庭器官受到异常刺激，孩子产生心理压力。
2	以往乘坐电梯经验的影响。	危险的乘坐经历在孩子心中留下阴影，使孩子惧怕乘坐电梯。

> **黄金小建议**
>
> 孩子表现出畏惧情绪时,父母是孩子最坚强的后盾,父母的支持与帮助会促使孩子战胜恐惧。

如何引导孩子不过于腼腆害羞

> 名家智语
>
> 友谊能增进快乐,减轻痛苦。因为它能倍增我们的喜悦,分担我们的烦忧。
>
> ——美国发明家爱迪生

一些3岁左右的孩子会出现腼腆害羞的情况。他们在家中是活泼好动的开心果,而一进入陌生环境就成为"含羞草",不敢与陌生人接触,害怕与小朋友交往。这该怎么办?

需要做的事情

1 为孩子提供接触外界的机会

- 无论是孩子还是大人的聚会,父母都可以带孩子参加,增加孩子和外界接触的机会。
- 在保障孩子安全的前提下,让孩子尝试各种类型的活动。在活动中,父母可以鼓励孩子与其他小朋友一同游戏。父母可以提前带好积木、芭比娃娃等玩具,吸引其他小朋友和孩子一同游戏。
- 不定期在家中举办小聚会。父母在征得孩子同意的前提下,邀请朋友带着孩子来家中做客。可以让孩子亲自给客人挑选礼物、参与食物的准备,并尝试亲自去送给他们。这样,孩子可以在熟悉的环境中,获得当小主人的体验。

2 帮助孩子提前了解陌生的人或环境

- 父母带孩子外出时，可以提前给孩子打好"预防针"。例如，告诉孩子："宝宝，我们今天要去邻居阿姨家玩了，阿姨家有好多彩笔，一会儿你可以与小朋友一起画画哦。"
- 可以在不熟悉的亲戚朋友到访之前，给孩子看他们的照片，介绍他们的名字，让孩子提前熟悉他们。
- 提前与亲朋好友进行沟通，告诉他们自己的孩子有些害羞，避免他们过于热情，导致孩子不适应。

3 用温暖的话鼓励和引导孩子

- 引导孩子和他人打招呼。例如，对孩子说："打招呼是一种礼貌行为，小朋友都会这么做的，而且和你打招呼的阿姨也会特别开心。"
- 有针对性地表扬孩子。父母鼓励孩子不应仅局限于说"你好棒""你做得真好"等，而是应该有针对性地对孩子进行表扬。比如："你刚刚和阿姨打招呼，她特别喜欢你呢！""大家都说你刚刚和别的小朋友一起唱的歌真好听，下次你可以试试自己唱哦！"

4 避免出现以下不恰当的教育行为

- 强迫孩子。当介绍陌生人给孩子认识时，强迫有些腼腆的孩子主动打招呼，或是在孩子沉默后过分指责。
- 对孩子的腼腆行为进行解释。当着孩子的面向外人解释："我的孩子比较害羞，不爱讲话。""人太多了，孩子害怕了。"
- 急切地让孩子在众人面前展现自己。

想知道原因吗

3岁左右的孩子出现腼腆害羞的情况是正常的。个人特质、家庭教育方式及他人的评价都会对其产生影响。

我们将孩子腼腆害羞的原因总结在下表里,方便您了解。

孩子腼腆害羞的原因

序号	原因概括	具体分析
1	逃避他人的负性评价。	随着自我意识的发展,3~4岁的孩子会因他人的批评产生不恰当的自我评价或内疚情绪。孩子的退缩行为其实是一种防御性行为,即逃避他人的负性评价。
2	父母的过分保护。	过度保护型的父母很可能因担心孩子受到伤害而限制他们与外界环境接触。因此,孩子在与人交往的过程中会因缺少面对陌生环境的经验而产生害怕的情绪,出现退缩行为。

> **黄金小建议**
>
> 人具有社会属性。随着孩子的不断成长,父母需要让他和外界有更多的接触,扩大日常交往的范围。孩子迈好交往的第一步,也是为更好地适应社会打下基础。

如何应对孩子总说"怕"

> **名家智语**
>
> 我们唯一应当害怕的就是害怕本身。
>
> ——美国前总统富兰克林·罗斯福

2岁半的孩子,经常会对周围的许多事物感到害怕。他们会说自己怕黑、怕狗、怕昆虫等。面对这种情况,父母应该怎么办呢?

需要做的事情

1 在每次行动前都给予孩子提示,让其做好心理准备

- 在去动物园前,告诉孩子:"我们可能会见到不同的动物,有狮子、老虎等。它们有的看起来很凶猛,但是被关在笼子里,是不会伤害你的,所以不用害怕哦。"
- 在关灯前,告诉孩子:"你数三个数我们就关灯,之后屋子就会嗖地变黑喽。"

2 带孩子多走、多看、多了解

- 世界这么大,多带孩子出去走走。可以常带孩子去家附近的公园玩,条件允许的情况下,可以带孩子去其他城市或出国旅行,让孩子去看看外面的世界,增长见识。
- 陪孩子观察这个世界,去看别人放形态各异的风筝、遛活泼可爱的小狗。

- 带孩子认识世界，耐心地讲解每一个他不知道、不了解的事物，如为什么会天黑、打雷等。

3 帮助孩子勇敢地尝试，克服未知的恐惧

- 在孩子对高高的滑梯望而却步时，去给孩子做个示范，告诉孩子其中的愉快感受、正确姿势以及注意事项。
- 当孩子怕黑时，和他比比，看谁能在关灯后慢慢看清自己的手指。
- 对于怕狗的孩子，可以先让他看几张可爱的小狗图片，再让他看几段狗和主人玩耍的小视频，等他接受后，再让他远远地观察别人遛狗，慢慢地消除他的恐惧。

4 进行科普教育，让孩子正确了解未知的世界

- 条件允许的话，父母可以带怕打雷的孩子去科技馆，看打雷时到底是不是天上有个大怪兽在捣鬼，让孩子明白雷电到底是什么、是怎样形成的。
- 给怕毛毛虫的孩子讲有关毛毛虫破茧成蝶的神奇过程等。

5 夸赞孩子每个微小的进步

- 当孩子第一晚平静地和您分床睡后，给孩子一个甜蜜的早安吻，并将他拥入怀中，问问他昨晚做了什么美梦。
- 当孩子爬上了一直想尝试的高滑梯后，带他买最爱吃的冰激凌，与他一起庆祝并记录这个值得纪念的日子。

6 避免出现以下不恰当的教育行为

孩子在生活中出现"怕"不离嘴的现象和父母偶尔不正确的行为以及教育

方式有着密切联系。您可以对照下表，看自己是否有类似的行为。

错误行为对照表

错误行为	消极影响
给孩子贴上"胆小"的标签。	给予孩子消极的暗示，使其认同父母对自己的评价，从而不再去做那些大胆的行为，畏首畏尾。
把吓唬当法宝。	孩子可能会对生活中很多事物和场景充满恐惧，失去了安全感。
对孩子保护过度。	本来不害怕的孩子可能会从大人的反应中嗅到危险的信号，从而对这些事物产生恐惧。
给予孩子狭小的生活圈。	孩子对父母的依赖性会增强，适应环境的能力变差。
自己退缩，扭捏。	父母是孩子的榜样。当父母推着孩子勇敢向前时，自己却常常退缩、扭捏，给孩子带来消极影响。

想知道原因吗

2岁半左右的孩子总说"怕"是正常的，这是孩子表达情绪的一种方式。我们将孩子"怕"不离嘴的原因总结在下表里，方便您了解。

孩子总说"怕"的原因

序号	原因概括	具体分析
1	对新鲜刺激反应强烈。	2岁半的孩子发育尚未成熟，无法做到对新鲜刺激快速适应，可能会对某些刺激产生较强烈的反应。
2	父母及周围人的影响。	父母或周围人对危险情境的过度反应，以及在面对害怕的事物时不恰当的示范，都会加剧孩子的"怕"。

> **黄金小建议**
>
> 父母在教育孩子时要采取正确的方式。吓唬可能会让孩子暂时听话，但是从长远来看，这种方式会对孩子的健康成长产生消极影响。

如何应对孩子闯祸后的慌张表现

> **名家智语**
>
> 过而不能知,是不智也;知而不能改,是不勇也。
>
> ——北宋哲学家李觏

3岁左右的孩子闯祸后有时会变得慌张,小脸憋得通红,不知所措。有时还没等父母说什么,他自己先哇哇大哭起来。面对这种情况,父母应该怎么办呢?

需要做的事情

1 倾听孩子内心的声音

- 在孩子犯错后主动与他进行沟通,问清事情的原委。
- 将孩子的主观描述和自己所了解的真实情况进行对比。
- 分析孩子所说的话是否属实,判断孩子是因做错事情慌张还是因为说了谎话而慌张。

2 安抚孩子的不安情绪

- 在孩子因为内疚而慌张时,父母可以拍拍孩子的肩膀,轻轻地搂抱孩子,安抚孩子焦躁、不安或是伤心的情绪。
- 可以轻轻抱起不小心闯祸的孩子,告诉他:"妈妈知道你不是故意的,下次咱们慢慢来好吗?"
- 做一名怀有爱与耐心的等待者,待到孩子心情平复愿意沟通时,再和他慢慢分析对错。在等待的过程中,请陪伴在孩子身边。

3 赏罚分明,做明断是非的父母

▶ 父母需要认清,孩子想要帮妈妈忙而不小心打碎瓶子或好奇闹钟的内部构造而拆卸观察,这些行为的初衷是好的。
▶ 父母需要认清,孩子故意摔坏新买的玩具以发泄坏情绪,这是需要父母进行教育的错误行为。

4 教导孩子弥补过错

▶ 教导孩子将弄洒的零食捡起,弥补错误。
▶ 当孩子因为游戏推倒小姐姐时,耐心地告诉孩子:"推小姐姐是不对的,你看她多伤心啊,妈妈陪你去和小姐姐道歉,好吗?"

5 避免出现以下不恰当的教育行为

孩子犯错后,父母不正确的处理和教育方式不利于孩子正确认识问题、改正错误。您可以对照下表,看自己是否有类似的行为。

错误行为对照表

错误行为	消极影响
让孩子的哭泣成为自己的"软肋"。	孩子一哭泣,父母就妥协,可能会让孩子获得犯错后哭泣就可以逃避惩罚与批评的信号,强化了孩子闯祸后哭泣这一行为。
给孩子贴标签。	给孩子扣上"不听话"的大帽子,孩子的行为会出现更大的偏差。
过度批评孩子。	过度地责备已经出现内疚感的孩子,会导致他们的心理出现问题。
以暴制暴。	这会让孩子的自尊心受到伤害,并产生叛逆的心理,给孩子未来的人际交往埋下"祸根"。

想知道原因吗

我们将孩子闯祸后慌张的原因总结在下表里,方便您了解。

孩子闯祸后慌张的原因

序号	原因概括	具体分析
1	规则意识发展的体现。	孩子犯错后慌张,是其内疚的表现,当他们察觉到自己的行为表现可能不符合规则时,就会产生愧疚不安的心情。这是幼儿规则意识发展的一种体现。
2	道德意识与自我意识发展的结果。	3岁左右孩子的道德意识和自我意识都在不断发展。道德意识让孩子了解对错,自我意识让孩子认识到了"我"。这样,孩子在犯错之后就会意识到"我错了",继而产生内疚的情绪。

> **黄金小建议**
>
> 父母不要因为孩子内疚的哭泣而只顾安抚,却将教育抛在脑后。悉心教育是帮助孩子脱离"自责"孤岛的一叶方舟。

如何引导孩子做乖巧的小客人

> **✓ 名家智语**
>
> 人类被赋予了一种工作,那就是精神的成长。
>
> ——俄国作家列夫·托尔斯泰

3岁多的孩子有时会去别人家做客,可每次都会一直黏着妈妈,妈妈离开一会儿就会大哭大闹。这该怎么办呢?

需要做的事情

1 帮助孩子熟悉陌生的环境

- ▶ 引导孩子对去别人家做客产生期待。父母可以带孩子去挑选、购买送给小主人的小礼物,并告诉孩子,这些东西是专门为小主人准备的,将礼物送给小朋友,对方会非常开心。
- ▶ 尝试邀请其他小朋友和他们的父母来家中做客,或者带孩子课后与其他小朋友互动。引导孩子与其他小朋友建立同伴关系,帮助孩子更好地与人交流。

2 寻找熟悉的人与物

- ▶ 如果父母需要离开孩子的视线,一定要提前和孩子商量好,不要偷偷溜走。
- ▶ 需要与孩子短暂分离时,找一个孩子比较熟悉或喜欢的人照顾孩子。
- ▶ 如果孩子有一直爱不释手的玩具,就让孩子带在身边。当父母需要离开一下时，让它陪伴孩子。

3 提前帮助孩子建立自信

▶ 用欣赏的眼光，发现孩子的某一特长，比如舞蹈或者绕口令，鼓励孩子去表现自己的才艺，更好地融入陌生环境中。
▶ 鼓励孩子的每一次进步，小到完整、清晰地表达自己的想法，大到可以独立朗诵一首小诗、唱一首儿歌。

4 引导孩子把陌生转换为奇妙

▶ 当每次拜访活动结束后，父母可以好奇地问孩子自己不在时发生了什么有趣的事情。例如，孩子参加了过家家等角色扮演游戏，父母可以问孩子具体扮演什么角色，有什么趣事，这次扮演的角色喜不喜欢，下次要扮演什么角色，等等。
▶ 将每一个陌生环境当作引导孩子成长的场所。让孩子讲述自己的小进步，要奖励孩子的小进步，鼓励孩子的每一步成长。
▶ 鼓励孩子表演在幼儿园学过的歌曲、舞蹈等。父母可以参与其中，与孩子互动，让孩子当自己的"小老师"。

5 避免出现以下不恰当的教育行为

▶ 对孩子的哭闹行为妥协。父母可能会因为孩子的消极情绪，放弃带孩子到陌生环境。这慢慢会让孩子找到父母的弱点，总是以哭闹达成目的。
▶ 一直陪伴在孩子身边，寸步不离，让孩子没有机会融入陌生环境进行锻炼。

想知道原因吗

3岁多的孩子去别人家做客时一直黏着妈妈,不让妈妈离开,这其实缘于分离焦虑。随着孩子身心的不断发展,加上父母给予正确的引导,这种焦虑会慢慢消失。

我们将孩子去别人家做客时哭闹的原因总结在下表里,方便您了解。

孩子去别人家做客时哭闹的原因

序号	原因概括	具体分析
1	分离焦虑导致。	父母离开孩子的视线,会导致孩子产生分离焦虑,孩子会将内心的焦虑与烦躁以哭闹等方式释放出来。
2	父母焦虑情绪的影响。	一些父母在带孩子去别人家做客时,内心对孩子情绪的担心会从眼神、动作、语气中流露出来。孩子极易受到这些情绪的感染,从而情绪紧张甚至大哭大闹。

> **黄金小建议**
>
> 让孩子做个乖巧的小客人不是一件难事,父母需要引导和鼓励孩子大胆尝试,帮助孩子熟悉环境、建立自信、学习交往的技巧。

行为与习惯

**胜任父母
孩子的问题就不是问题**

如何使孩子不依恋大床

> **名家智语**
>
> 每个人都深爱自己的母亲而不自知。
>
> ——作家冰心

有的孩子已经快6岁了,还一直和父母睡在一个床上,不能自己独自睡觉。父母只要提及分房睡觉,孩子就闹得厉害,老说自己害怕,怕什么也讲不出来。这时候,父母该怎么办?

需要做的事情

1 制作"孩子依恋大床情况记录表",总结孩子依恋大床的原因和应对方式

为了了解孩子依恋大床行为出现的规律,清楚您的应对方式及时长,可制作一张"依恋大床情况记录表"(如下表)进行记录。

▶ 记录孩子依恋大床的具体情况及原因。

▶ 分析每次应对孩子的方式(如训斥、劝解)、时长及结果。

孩子依恋大床情况记录表

日期	孩子依恋大床的具体情况	应对方式	应对时长与结果
4.6	孩子晚上睡觉要和爸爸妈妈同睡。	妈妈先和孩子同睡,孩子睡熟后,让孩子单独睡。	1小时。孩子需要妈妈陪同才睡。

2 掌握帮助孩子分床睡的方法

▶ 接受孩子生活中的害怕情绪，帮助孩子克服胆怯心理。可以找一些"玩伴"代替父母陪伴孩子入睡，如玩偶、小玩具等。
▶ 睡前亲亲孩子，让孩子感受到虽然自己一个人睡觉，但父母仍然是爱他的。鼓励孩子要勇敢，有意识地培养孩子的独立精神。
▶ 循序渐进地让孩子由同大人一起睡过渡到分床和分房独睡。如果孩子半夜醒来，就把他重新抱回床上，心平气和地与他说话，保持和蔼的态度。

3 避免出现以下不恰当的教育行为

▶ 过度宠溺孩子、顺从孩子，使孩子缺少独立性，对独立睡眠感到恐惧和抵抗。
▶ 没有过渡阶段，突然与孩子分床、分房睡。不理会孩子的哭闹，甚至训斥孩子不勇敢。
▶ 睡前给孩子看恐怖的电视节目、听恐怖的故事等。

想知道原因吗

我们将孩子依恋大床的原因总结在下表里，方便您了解。

孩子依恋大床的原因

序号	原因概括	具体分析
1	想象力丰富，不能区分想象与现实。	幼儿的想象力极为丰富，以无意识想象为主，而且他们容易混淆想象和现实，所以害怕黑暗、害怕动物等。
2	亲子分离而导致恐惧和焦虑。	孩子早期与母亲建立了亲密的情感联结，分床睡实际上是对亲子依恋的分离，导致孩子产生害怕和焦虑的情绪，所以孩子不愿意与父母分开睡，会让父母陪同来获得安全感。

> **黄金小建议**
>
> 父母利用玩偶等替代物,尽可能为孩子创造安全舒适的环境以便孩子适应独立睡眠。细心引导孩子,循序渐进地培养孩子的独立睡眠习惯。

如何改变孩子挑食的习惯

> **名家智语**
>
> 当一个人的肚子填满时,他是穷还是富就没了区别。
>
> ——古希腊哲学家欧里庇得斯

有的孩子吃饭的时候总是挑三拣四,不吃青菜只吃肉,或者只吃肉不吃水果。这种挑食现象令许多父母头疼。该如何帮助孩子少挑食或不挑食呢?

需要做的事情

1 制作"孩子挑食行为记录表",总结孩子挑食的规律

为了了解孩子挑食行为出现的规律,清楚您的应对方式及时长,可制作一张"孩子挑食行为记录表"(如下表)进行记录。

▶ 记录孩子挑食的具体情况(如同一食物出现多次、心情不好时等)。

▶ 记录每次应对孩子挑食的方式(如只给喜欢吃的食物、劝其吃不喜欢的食物等)。

▶ 记录劝说时长和劝说结果。

孩子挑食行为记录表

日期	挑食的具体情况	应对方式	劝说时长与结果
4.1	孩子不吃洋葱、青菜,心情烦躁。	劝说孩子吃蔬菜对身体好。	10分钟。孩子尝试吃了一口青菜。

2 掌握帮助孩子不挑食的方法

▶ 为孩子选择色彩鲜艳、味道鲜美的食物，如红色的西红柿、黑色的木耳、黄色的香蕉等。
▶ 当孩子吃东西时，播放优美的背景音乐给孩子听。
▶ 一日三餐之外，减少零食供应。
▶ 利用孩子喜欢的动物或人的饮食喜好，激发孩子对不喜欢食物的热情和想吃的欲望。例如，强调小兔子喜欢吃胡萝卜，孩子会因为喜欢小兔子而去慢慢喜欢小兔子爱吃的胡萝卜。

3 避免出现以下不恰当的教育行为

▶ 忽视孩子健康饮食习惯的培养，经常给孩子提供零食。
▶ 对孩子过于迁就与放任。孩子要吃什么就给什么，助长了孩子挑食的坏习惯。
▶ 父母有意无意地在孩子面前表现出对某种食物的偏好，孩子受父母的影响而对某种食物产生偏爱。
▶ 进餐气氛不好。父母经常催促孩子快吃或过分强调孩子多吃，给孩子带来进食压力。

想知道原因吗

挑食是幼儿中常见的现象。挑食会导致某些营养素摄入不足或过量，造成孩子体质虚弱、抵抗力差，容易生病或过度肥胖，严重影响孩子的生长发育。我们将孩子挑食的原因总结在下表里，方便您了解。

孩子挑食的原因

序号	原因概括	具体分析
1	受感知特点的影响。	幼儿主要是通过味道或外观来判断是否喜欢某种食物。他们一般喜欢色彩鲜艳的东西,对于一些外观奇怪或是有特殊气味的食物,会产生害怕或厌恶的情绪,导致没有食用的欲望。
2	受情绪影响。	孩子的情绪会影响食欲。当孩子心情愉悦时,食量会相对增加;当孩子心情低落时,食量会相对减少。
3	一种适应性表现。	孩子3岁后,因身体生长速度减慢,对营养的需求量也相应减少,就会变得挑食。同时,他们对新食物的选取也谨慎起来,这是一种适应性表现。

黄金小建议

和睦温馨的家庭氛围能促进孩子产生进食的兴趣,父母要注意营造和谐的家庭氛围。另外,父母可以选取颜色丰富的食材,给孩子做成有趣的图案,以提高孩子的食欲,让孩子不挑食。

如何应对孩子总要新玩具

> **名家智语**
>
> 玩具是儿童游戏进行不可缺少的物质条件,一件好的玩具在陪伴孩子玩乐的同时,又让他们锻炼身体,开发智力,活跃思维。
>
> ——儿童教育家陈鹤琴

3~6岁的孩子总是想让爸爸妈妈给自己买好多玩具,只要看见新玩具,就非买不可,否则就会大吵大闹。面对这种情况,父母应该怎么办呢?

需要做的事情

1 掌握应对孩子总要买玩具的方法

- ▶ 父母要每天留出相应的时间与孩子一起游戏。在游戏中,和孩子共同商量玩具的多种玩法,让孩子觉得旧玩具可以玩出新花样。
- ▶ 父母主动邀请其他小朋友到家里与孩子一起玩。有了小朋友一起玩,孩子就不觉得孤单,也会减少对玩具的依赖。
- ▶ 父母与孩子商定购买玩具的规则,如费用、数量等,避免过度购买。在规则之内,让孩子自己决定买什么玩具。
- ▶ 父母要坚决拒绝孩子没有节制地购买玩具的要求。即使孩子哭闹,父母也只能用语言、动作安抚。比如,拥抱孩子,并温柔地告诉他家里还有类似的玩具,爸爸妈妈可以和你一起开动脑筋设计和制作玩具,等等。

2 制作"孩子要玩具情况记录表",总结孩子要玩具行为出现的规律

为了了解孩子要玩具行为出现的规律,清楚您的应对方式及时长,可以制作一张"孩子要玩具情况记录表"(如下表)进行记录。

▶ 记录孩子要玩具的具体情况(如看电视、逛商店、看见其他孩子有玩具时等)。
▶ 记录每次应对孩子的方式(如直接制止、撒谎等)及时长与结果。

孩子要玩具情况记录表

日期	具体情况	应对方式	应对时长与结果
6.3	逛公园时,孩子看到别的小朋友玩吹泡泡,也要吹泡泡玩具。	告诉孩子一会儿可以给他买,但是要保证不大吵大闹。	2分钟。孩子比较乖巧,父母买了一个玩具满足他的需求。

3 避免出现以下不恰当的教育行为

▶ 只要孩子哭闹,父母就直接把玩具买给孩子。
▶ 平时带孩子参与的社交活动少,孩子有孤独感,只能依赖玩具。
▶ 用激烈的话伤害孩子,如"再要玩具就打你"等,这种威胁式的话语会伤害孩子的内心。
▶ 因为在公共场合而屈服于孩子提出的购买玩具的要求。

想知道原因吗

我们将孩子总要玩具原因总结在下表里,方便您了解。

孩子总要玩具的原因

序号	原因概括	具体分析
1	对新奇的东西感兴趣是天性。	对玩具喜新厌旧是孩子生来就有的本能。婴幼儿感知发展的特点就是习惯化和去习惯化,即孩子由于某一事物出现的频率增加而对其反应强度逐渐减弱,形成了对熟悉事物的习惯化,但当另一新鲜事物出现时,就会引起他新的高强度的注意。
2	为获得认同感与满足感。	有时,孩子所需要的并不是玩具本身,而是玩具所带来的其他小朋友的认同感和满足感。

> **黄金小建议**
>
> 玩具不仅是孩子的玩伴,更是孩子表达自己的媒介。父母多抽出时间来陪伴孩子,探寻他们总要新玩具背后的内心需要,让"获得玩具"的过程变成良好的亲子沟通过程。

如何使孩子不再暴力

> **名家智语**
>
> 一切暴力都可以不经斗争就使对方屈服，却不能使对方顺从。
>
> ——俄国作家列夫·托尔斯泰

有些孩子进入幼儿期后，突然变得暴力起来，爱抢夺玩具，还经常打人、咬人，有时看见远处的小朋友，都会跑过去打一下再跑开。父母多次教育孩子不要这样做，他都不改。有什么好办法能够制止孩子的暴力行为呢？

需要做的事情

分清"打"和"捍卫主权"的差别

- 孩子们的打人行为往往发生在争夺物品或者是与自己高度相关的事情上，如占座位、玩玩具等。
- 孩子的"打"更多的是在表达一种意思——要我的东西，所以他事实上只是在"捍卫主权"。
- 不要让孩子自己去给别人道歉或者反复强调"不要抢别人的东西"，只需要亲自带着孩子一起道歉，给孩子示范正确的宣示"主权"的方式。

2 杜绝打人的模仿源头

- 杜绝用开玩笑或者威吓的方式表达对孩子的喜爱，如和孩子说"大宝宝，爸爸就喜欢打你的小屁股"等，这容易让孩子误解打人是一种表达感情的方式，孩子因此模仿父母的行为。
- 跟孩子打闹时，如果孩子没有轻重，一定要告诉孩子刚才的打闹过火了，应该轻轻地与别人接触。如果是父母手重，要真诚地跟孩子道歉。
- 在孩子打人后，父母要弄清楚原因，并告诉孩子通过打人来解决问题是不对的。
- 即使孩子是有意打人，也不能体罚孩子，因为这会强化孩子以暴制暴的行为。

3 说服无效时，让孩子先冷静下来

- 给孩子划定"冷静区"，在说服无效时让孩子单独在这个区域里坐着，告诉孩子只有平静下来，能听父母的话的时候才可以出来。
- 可以握住孩子的肩膀或手臂，让孩子面对自己1分钟，简单明白地告诉孩子错在哪里。
- 孩子冷静下来后，让他不要着急，慢慢说，尽量说出自己的想法，多用谈话的方式跟别人交流。

4 避免出现以下不恰当的教育行为

- 默许孩子的打人行为，认为打人不是什么大事，不严肃对待孩子的打人行为。
- 孩子打人时，不及时给予批评教育，认为孩子小，不懂事，大了自然就会改。
- 直接否定孩子，不去询问孩子打人的原因，更不听孩子讲话的内容，不给予评说和指导。
- 以武力教训孩子。父母打孩子，就亲身给孩子示范了打人行为，孩子的模仿能力很强，会模仿父母的行为，导致打人行为被强化。
- 急于判定谁对谁错，或者不分青红皂白认定大的孩子欺负小的孩子，

对大的孩子采取惩罚措施。
- 偏向自己家的孩子，给孩子灌输"打架咱千万不能吃亏"的思想。

想知道原因吗

有的孩子经常会出现打人行为，即攻击性行为。攻击性行为是反社会行为中最具代表性、最突出的一种行为。孩子的攻击性受遗传因素影响很大，约占50%。但父母不是把打人、骂人这些具体行为遗传给了孩子，而是将神经活动较强、情绪容易激动等生理特征遗传给了孩子，这些生理特征遇到适合的土壤，会滋生出攻击性行为。同时，糖的摄入量过多与孩子的攻击性行为也有明显相关。

另外，家庭因素与孩子攻击性行为之间关系的研究早已表明，缺乏温暖的家庭、不良的家庭管教方式以及缺乏明确的行为指导和活动监督，可能造成孩子以后高攻击性行为的发生。

还有一些孩子是因为动作发展快于语言发展，在与成人、同龄人交往的时候，说不明白自己的想法，就急于用动作来表达自己的意思。譬如，为了捍卫自己对物品的所有权，不是据理力争，而是用抢、咬等方式来解决问题。

孩子的打人行为也与父母和孩子交流的方式有关系，有些父母用小打小闹来表达对孩子的喜爱，但孩子掌握不好尺度，以为打就是亲密和喜欢，很容易有样学样。

> **黄金小建议**
>
> 孩子的世界很单纯，打闹再正常不过，父母可以先静观其变，不要着急介入调解，也许他们自己很快就能化解矛盾。

如何正视扒裤子现象

> **名家智语**
>
> 人的内心里有一种根深蒂固的需要——总想感到自己是发现者、研究者、探寻者。在儿童的精神世界中,这种需求特别强烈。
>
> ——苏联教育家苏霍姆林斯基

孩子有时会跟其他孩子一起玩扒裤子的游戏,还会互相抚弄生殖器。父母发现后常会非常恐慌并严厉呵斥孩子,但是这样处理真的能够阻止孩子的扒裤子游戏吗?面对这种情况,父母应该怎样做才更合理呢?

需要做的事情

1 平心静气,切莫惊慌

- ▶ 首先不要马上厉声呵斥孩子,更不要用皱眉等表情或者动作阻止孩子,否则会让孩子感到羞耻,并自我贬低。
- ▶ 控制住自己的情绪后,不要大惊小怪地教育孩子,否则孩子会误会这是一件很特别、很重要的事情。
- ▶ 反复提醒自己马上动怒或者大惊小怪不仅不能制止孩子,反而会加重孩子的好奇心,是在变相鼓励孩子继续扒裤子。

2 抓住小契机,讲解相关知识

- ▶ 利用洗澡和睡觉时间,为孩子讲解有关知识,告诉孩子男孩都有一个尿尿的小器官,女孩尿尿的小器官是"看不到"的。

- 利用孩子喜欢看图画书和动画片的特点，给孩子看一些胎儿发育的漫画和动画。正面回答孩子"我是从哪儿来的"等类似问题，让孩子知道自己是父母生育的，而不能搪塞孩子，说"你是捡来的""你是充话费送的"等。
- 利用不同性别的娃娃，简单明了地告诉孩子，娃娃内衣裤遮挡的位置是"秘密阵地"，不能自己乱翻乱掀，也不能让其他人扒裤子和摸摸。

3 避免出现以下不恰当的教育行为

- 孩子对性器官好奇，但父母视而不见，任由其无节制地发展，久而久之，孩子会形成难以纠正的行为习惯。
- 发表非黑即白的偏激评价，如责备孩子："你这样做对吗？""你怎么能这样做？"孩子的行为不存在绝对的对与错，盲目下结论无益于孩子对这件事的理解和认识。
- 发表观点时伴有强烈的厌恶感和羞耻感，如"我的天呀，太不要脸了""我都替你害臊"等。
- 孩子只会知道自己做得不好，却不知道为什么，爸爸妈妈过激的负面评价会给孩子幼小的心灵蒙上一层阴影。

想知道原因吗

孩子喜欢玩扒裤子的游戏，还会抚弄生殖器，这是孩子身心发展特点所致。幼儿阶段的孩子，不仅对自己的性别特征有强烈的好奇心和探索欲望，对别人的性别特征也兴趣盎然，这是他们还没有形成性别恒常性的结果。性别恒常性是指无论时间或者人的穿着打扮怎么改变，人们对这个人的性别的认识是不会变化的。

您可以参考下表，看一看孩子的行为是否符合性别恒常性的发展规律。

性别恒常性的发展规律

年龄段	认知发展水平
2岁左右	初步认识自己的性别，不认识别人的性别。
3~4岁	知道自己的性别永远不会变。
5~6岁	知道别人的性别跟自己一样，是不会变的。可以轻松辨别男女。

> **黄金小建议**
>
> 　　父母需要控制好自己的情绪和行为，做到不谈性色变。面对孩子的"意外之举"，深呼吸、缓行动、多反省、勿妄动。

如何应对孩子插话

名家智语

当成人放下架子，试着去理解孩子心理的时候，就会清楚地发现，孩子的内心世界远比大家认识到的丰富和成熟。

——意大利教育家蒙台梭利

当父母与其他人交谈的时候，有些孩子经常会插话、接话，并且一张嘴就停不下来，急着去表达自己的想法，搞得父母很尴尬。面对此种情况，父母应该怎么办？

需要做的事情

1 制定不插话行为规则

- 明确插话行为。父母要让孩子知道什么是插话行为。例如，可以使用玩偶进行演示，爸爸妈妈分别扮演小熊和小兔子，孩子扮演小麻雀，当小熊和小兔子说话的时候，小麻雀打断小熊和小兔子说话，这种行为就是插话行为。
- 和孩子制定不插话行为规则，写下来并放在家中的显要位置。和孩子一起认读这一规则，让孩子知道不插话行为是尊重他人的表现。
- 对孩子的行为进行有效奖惩。和孩子一起商议相关的惩罚措施，如果孩子违背规则，要给予相应的惩罚，让孩子知道做错了什么。如果孩子遵守规则，父母要表扬孩子遵守规则的行为，如告诉孩子："今天，宝宝管好了自己的小嘴巴，妈妈奖励你一个孙悟空嘴巴的贴纸。希望你下次也能像今天一样，不随意插话。"

2 为孩子提供讲话机会

▶ 尊重孩子表达的意愿，学会倾听。当孩子开始说时，注视孩子的眼睛，边聆听边点头，给孩子一定的回应。

▶ 给孩子创设表达自己的机会。例如，在家中设置小小讲台，让孩子登上小小讲台给家庭成员讲故事。

▶ 和孩子进行亲子阅读。父母和孩子共读一本图画书，读书过程中，父母鼓励孩子接着父母的话继续把故事讲完，或者与孩子进行角色扮演，让孩子知道故事中每个人都可以说话，但要有先后顺序。

▶ 鼓励孩子和同伴进行交流。如果孩子胆小羞怯，父母可以给孩子示范如何和其他小朋友打招呼，或者玩角色扮演游戏，教会孩子打招呼。

3 和孩子玩"你说完来我来说"的接龙游戏

▶ 和孩子玩"你说完来我来说"的游戏。制定游戏规则，一个人说完另一个人才能说。

▶ 让孩子熟悉游戏规则后，增加参与游戏的人数，让孩子明白他人交谈过程中自己不能插话。

▶ 孩子遵守游戏规则，并成功完成游戏后，给孩子一个微笑和拥抱，并告诉孩子他能够管好自己的小嘴巴，爸爸妈妈非常高兴。

4 避免出现以下不恰当的教育行为

▶ 呵斥孩子的插话行为，让孩子闭嘴。

▶ 平时不给孩子表达的机会、不尊重孩子表达的意愿，孩子想要表达的愿望得不到满足。

▶ 孩子说话时，父母不仔细聆听和回应。这样做会于无形之中让孩子感觉必须通过插话等显眼的行为才能引起父母的注意。

▶ 当孩子出现插话行为时，父母忽视，事后不惩罚、不批评。这样做会让孩子觉得插话行为没有什么问题。

想知道原因吗

3~5岁孩子出现插话行为是正常的。这和他们的口语表达水平和自我参与意识的发展有关。从口语表达水平来看，3岁前幼儿的口语表达主要是情境性的，他们说的话缺乏一个连贯的主题，往往是想到什么说什么，4~5岁时他们才能从情境性言语过渡到连贯性言语。此外，孩子插话往往是因为自己想到了什么就想表达出来，而且自我表达也是自我参与的一种重要方式，孩子的参与让他们获得自我价值感，在自我控制能力还不成熟的幼儿期，这是正常现象。

我们将孩子插话的原因总结在下表里，方便您了解。

孩子插话的原因

序号	原因概括	具体分析
1	口语表达依赖情境。	幼儿期孩子的言语主要为情境性言语，孩子想到什么就说什么，经常东一句西一句地表达自己的想法，所以容易插话。
2	自我控制能力不足。	幼儿期的孩子有强烈的参与各种活动的意愿，但其自我控制能力较差，常常控制不住自己插话的行为。

黄金小建议

尊重孩子的表达意愿，为其提供表达的机会。建议父母尽可能地与孩子进行面对面的交流，让孩子在家庭中畅所欲言。

如何应对孩子提过分要求

> **名家智语**
>
> 礼貌是儿童和青年所应该特别小心地养成习惯的第一件大事。
>
> ——英国哲学家洛克

很多孩子在3岁左右就会向父母提出一些过分的要求,如家里已经有很多玩具了,但是只要路过卖玩具的地方,他还是会吵着要买玩具,如果父母不满足他的要求,他就会在地上撒泼打滚。这时,父母应该怎么办?

需要做的事情

1 尝试以下教育方法

- 帮助孩子区分合理要求和无理要求,让他知道父母不能满足所有要求。
- 和孩子制定一些家规,如不要以过激的方式向父母提出要求,如果违背家规,父母可以提出一些惩罚方案,让孩子认识到自己的行为不得体。
- 倾听孩子提出过分要求的原因,理解孩子的心理需求。父母可以考虑使用其他替代方案满足孩子的心理需求。
- 如果一时无法劝阻孩子的过分要求,可以尝试用孩子更感兴趣的活动或者更喜欢的东西转移孩子的注意力。

2 制作"孩子提出过分要求记录表",总结孩子提出过分要求的原因

- 记录孩子提出过分要求的情景(如逛商场或看到同伴有好的玩具时)。

▶ 分析每次孩子提出过分要求的原因。
▶ 记录每次解决问题的方法和效果。

孩子提出过分要求记录表

日期	具体情况	原因分析	安抚方式	安抚效果
3.4	买多个变形金刚。	想要超过同伴拥有的变形金刚的数量。	告诉孩子变形金刚的数量已经够多了。	孩子哭闹后，见父母无法满足自己的要求，和父母离开商场。

3 避免出现以下不恰当的教育行为

▶ 大声训斥孩子，给孩子贴上消极的标签，如批评孩子"你是个不懂事的孩子"。
▶ 对孩子过于冷漠，不去了解孩子提出过分要求的原因，武断地认为孩子是任性的。孩子可能想通过获得更多的玩具来和同伴建立友谊，父母要理解孩子提出过分要求背后的动机。
▶ 和孩子针锋相对，大吵大闹。这会让孩子丧失对父母的信任。
▶ 即使超出自己的能力范围，也要满足孩子的过分要求。这会让孩子产生"父母是万能的"等错觉，助长孩子提出过分要求的行为。

想知道原因吗

幼儿通过掌控物体和人来获得自我满足，这种控制物体或者他人的感受被称为"掌控感"。掌控感是孩子独立自主、积极主动的表现，也是孩子操控周围环境和具有实践能力的象征,这与孩子自我意识的发展紧密相关。随着自我意识的发展,孩子的掌控感逐渐增强,他们开始学会控制自己的主观感受,也学会通过掌控父母来满足自己的需要。孩子通过掌控外物和掌控他人,感受自我价值的存在。孩子的自我控制能力是随着他们的认知与思维能力的发展而逐渐提高的,虽然孩子在5~6岁已经具备了一定的自我控制能力,但水平仍较低,他们很注重自己的感受,想要什么就要立刻得到,不能理性地控制自己的欲望。虽然父母会告知他们某些要求是过分的,但孩子并不知道这种"过分"是不合理的,仍然会选择和父母抗衡。"自我中心"和"理所当然"是儿童思维发展不成熟的典型特征,孩子倾向于从自己的视角看待周围的世界,很难从父母的立场思考问题,所以孩子认为的"理所当然"和"我就要这么做"在父母看来是过分的。

我们将孩子提出过分要求的原因总结在下表里,请对照查看、分析。

孩子提出过分要求的原因

序号	原因概括	具体分析
1	掌控外物和掌控他人能力的发展。	幼儿处于能力快速发展的阶段,他们通过掌控外物和掌控他人获得自我价值感。
2	自我控制和换位思考能力发展还不成熟。	幼儿的前额叶皮层发育不够成熟,其认知能力不能帮助他们进行延迟满足和站在他人的角度想问题,所以不知道自己提出的要求是否过分。

> **黄金小建议**
>
> 制定家规能够控制孩子提出过分要求的情况。建议父母尽可能地和孩子一起制定家规,让家庭成为孩子学习行为准则的第一课堂。在这个课堂中,帮助孩子学会合理地提出要求,不过分、不过度。

如何对待孩子的"人来疯"行为

> **名家智语**
>
> 游戏是儿童最正当的行为,玩具是儿童的天使。
>
> ——文学家鲁迅

一些孩子有时候特别好动,尤其是在外人面前,经常拿着玩具跑来跑去,或者撒泼打滚地向父母索要东西,即便父母反复告诫,他们还是做出这种"人来疯"的举动。这时,父母应该怎么办?

需要做的事情

和孩子商议,制定相应家规

- 和孩子商议,共同制定家规,告诉孩子家规是在家庭生活中需要遵守的规矩。
- 让长辈告诉孩子家规的重要性。例如,告诉孩子:"有了家规,我们的家庭可以变得和和美美,家庭成员的行为会更加有规矩。"
- 家规要具体可行,如"不在外人面前大呼小叫""有想要的东西,和父母心平气和地说,不能撒泼打滚"等。
- 把家规写下来,放在家中的显眼位置,并每日和孩子共同认读几遍。
- 孩子违背家规,要惩罚,并且要让孩子知道原因。孩子遵守家规,要表扬,表扬要具体,一事一表扬,比如孩子在外人面前不要闹,父母夸奖孩子:"宝宝今天好安静,不打扰大人讲话。"

2 了解"人来疯"孩子的特点

▶ "人来疯"孩子的气质类型多为胆汁质或多血质，这两种气质类型的孩子情绪易兴奋，反应较快，抑制能力较差，常常表现为精力旺盛，不知疲倦。

▶ 为孩子提供多种活动以满足其与人交往和表现自己的需求。例如，让孩子多参加游戏或亲子活动，在活动中让孩子扮演好动的角色，满足其好动的需求。

▶ 让孩子参与体育活动，锻炼身体，增强体质。

3 给予孩子积极的关注和支持

▶ 父母应该给予孩子积极的关注，要经常为孩子取得的一点点进步点赞。如孩子表演了在幼儿园里学到的歌曲、舞蹈等，父母要为孩子鼓掌，让孩子感受到父母对他的认可，这有助于满足孩子渴望被表扬的心理需求。

▶ 当和孩子说话时，尽量和孩子平视，仔细倾听孩子的说话内容。

▶ 父母要给孩子提供更多的表现机会。比如，举办家庭演唱会，让孩子尽情施展才能。

4 避免出现以下不恰当的教育行为

▶ 在外人面前，因孩子的"人来疯"行为而大声训斥孩子。父母要学会为孩子"留面子"。

▶ 孩子一哭闹，就马上满足他的需求。这样会让孩子形成以哭闹获得自己想要的东西的不良行为习惯。

▶ 父、母的教育方式相互矛盾。例如，爸爸坚守家规，妈妈放任孩子的"人来疯"行为，不遵守家规。

▶ 对孩子的爱是有条件的。这会让孩子觉得只有达到父母的要求才能获得父母的爱，导致孩子缺乏安全感，缺失父母的爱。

想知道原因吗

"人来疯"是孩子社会交往能力发展的正常表现，也向父母传递了一种孩子渴望被赞许、被关注的心理。心理学家什季佩克等对1~5岁孩子成功或失败后的反应进行观察发现，2岁前的孩子不会期待别人用成败来评价自己，属于自娱自乐；2岁后的孩子开始期待别人用成败来评价自己，成功后期待别人的赞赏与认可，而失败后会逃避他人的注意，避免他人的批评。所以，孩子"人来疯"的背后可能隐藏着一种渴望被表扬的小心思，而"人来疯"也使孩子获得了外界的赞许，增强了对自我的肯定，促进了孩子自尊的发展。但不合时宜与蛮不讲理的"疯"是孩子任性的表现，会阻碍孩子社会交往技能的发展。

我们将孩子"人来疯"的原因总结在下表里，方便您了解。

孩子"人来疯"的原因

序号	原因概括	具体分析
1	想要获得他人的注意。	每个孩子都需要父母给予足够的关注，当他发现在外人面前被父母忽视的时候，就会做出一些"人来疯"的举动来吸引父母的注意。
2	想要获得自己想要的东西。	2~3岁的孩子学会了通过掌控他人来获取自己想要的东西，而在外人面前做出一些"人来疯"的行为更容易让父母放弃原则，进而达到获得自己想要的东西的目的。

> **黄金小建议**
>
> 父母的积极关注和制定的规范能够让孩子减少"人来疯"的行为。建议父母尽可能地和孩子一起制定详细的行为规范，并给予孩子应有的关注，让孩子养成良好的行为习惯。

如何不让孩子制造麻烦

名家智语

合理安排儿童每天的生活,使之总是忙于有益的事情,避免无事生非或虚度时光。

——捷克教育家夸美纽斯

4岁左右的孩子经常会制造一些麻烦,如有时候干扰父母的工作,有时候和小朋友打架。面对这样的孩子,父母束手无策,打也不是、骂也不是,放任其惹麻烦更不行。父母到底应该怎么办呢?

需要做的事情

1 制作"孩子制造麻烦记录表"

▶ 记录孩子制造麻烦的具体情况。
▶ 记录每次和孩子一起解决问题的方式和效果。

孩子制造麻烦记录表

日期	具体情况	解决方式	效果评估
7.1	打断爸爸的工作电话,打扰爸爸工作。	耐心安抚,答应孩子完成了工作就陪他玩。	孩子能够安静地等待了。

2 掌握不让孩子制造麻烦的方法

▶ 引导孩子说出制造麻烦的原因，努力了解孩子制造麻烦背后的心理需求。
▶ 耐心和孩子对话，让孩子获得尊重和体谅，同时也要严厉地告诉孩子他行为的后果，让孩子学会承担责任。
▶ 巧用角色扮演游戏，让孩子体验给别人带来麻烦后别人的消极情绪，让其学会换位思考，体谅父母。
▶ 每次孩子制造麻烦后，父母也需要反思自己平时的教育方式，经常向自己提问："我是不是忽视了孩子的感受？我是不是太放纵他了？"

3 避免出现以下不恰当的教育行为

▶ 大声呵斥孩子，尤其是当着外人的面，这会挫伤孩子的自尊心。
▶ 给孩子贴标签，例如："你这个捣蛋鬼，就会给妈妈添乱！"这种贴标签的行为会让孩子认为自己就是这样的孩子，而不想改正错误。
▶ 没有事先制定好规则，对孩子的惩罚无章可循，孩子的行为就得不到约束和规范。
▶ 误解孩子，不听孩子的解释。

想知道原因吗

4岁左右的孩子喜欢捣蛋，这和孩子想要吸引父母的注意及突显自己的存在感有关。制造麻烦能够引起父母对孩子的注意，孩子会感觉到自己的存在感，所以孩子通过给父母制造麻烦向父母传递"快来关注我"的信号。此外，孩子的自我意识不断发展，他们开始用各种形式来表现自我，如果父母不及时给予关注，孩子会产生无助感，就可能以破坏和制造麻烦的方式引起父母的注意。在儿童自我意识发展的过程中，他们逐渐形成自尊，同时寻求外界对自己的评价，这时父母对孩子的关注、评价与鼓励是至关重要的。另外，在与同伴交往的过程中，孩子遭到拒绝和忽视也会导致孩子制造麻烦。

我们将孩子制造麻烦的原因总结在下表里，方便您了解。

孩子制造麻烦的原因

序号	原因概括	具体分析
1	想要吸引父母的注意。	如果父母没有给予孩子足够的爱和陪伴，孩子就会通过各种手段吸引父母的注意，以期获得安全感。
2	想要表现自己，突显自我的存在感。	随着自我意识的逐渐发展，孩子的自我认识、自我体验和自我调节能力逐渐发展，他们喜欢展现自我，让父母看到自己。
3	遭到同伴的拒绝或者忽视。	随着同伴之间交往的增多，孩子间的摩擦也增多。原因是这个阶段的孩子缺少对他人想法的理解及交往技巧。

> **黄金小建议**
>
> 制造麻烦是孩子寻求关注的方式之一，父母要发现孩子制造麻烦背后的心理需求和动机，并制定相应的规范约束孩子制造麻烦的行为。

如何教会孩子打招呼

> **名家智语**
>
> 微笑乃是具有多重意义的语言。
>
> ——瑞士诗人卡尔·施皮特勒

有些孩子都5岁了，见到亲戚朋友总是不作声，父母告诉他和大家打招呼，也讲过道理，孩子当时会打个招呼，下次碰见亲戚朋友仍是不作声，见到生人甚至躲在妈妈或爸爸身后。面对这种情况，父母应该怎么办？

需要做的事情

1 教给孩子打招呼的方法

- 教会孩子怎样和熟人、陌生人打招呼，如告诉孩子见到年长的中年女性要说"阿姨好"，见到年长的中年男性要说"叔叔好"。
- 和孩子介绍经常接触的熟人，让孩子知道如何称呼这些熟人。
- 告诉孩子打招呼是礼貌的行为。例如："打招呼并问好是有礼貌的表现，宝宝要做一个懂礼貌的好孩子。"
- 告诉孩子微笑是最好的语言，打招呼的时候保持微笑或者挥挥手，会让别人感受到你的善意和友好。

2 主动了解孩子不打招呼的原因

- 在学习了和别人打招呼的方法后，如果孩子仍不愿意打招呼，父母就需要与孩子沟通交流，了解其不愿打招呼的原因，可制作表格进行分析。

▶ 在表格中记录孩子对何人打招呼，对何人不打招呼。
▶ 记录打招呼的人和不打招呼的人与孩子的亲密程度。
▶ 如果孩子不愿说出不打招呼的原因，可能是因为孩子较为羞怯，父母可采用孩子能够接受的方式渐进地教会孩子打招呼，如刚开始让孩子点头微笑，之后让孩子慢慢地学会挥手和主动与他人打招呼。

孩子打招呼记录表

时间	见到的对象	孩子是否打招呼	亲密程度	不打招呼的原因
8.1	陌生叔叔	否	陌生	叔叔是陌生人，孩子存在戒备心理。

3 给羞怯的孩子提供社交机会

▶ 如果孩子因为羞怯而没有勇气去主动打招呼，父母应鼓励孩子和他人交往，在家里和孩子练习打招呼。当孩子做出主动打招呼的行为时，父母应及时给予鼓励和表扬，如告诉孩子："刚才见到叔叔，你说了叔叔好，真是有礼貌的好孩子！"
▶ 在日常生活中，为羞怯的孩子提供社交机会。例如，去超市的时候可以鼓励孩子去结账，在饭店吃饭的时候鼓励孩子向服务员要餐具。

4 父母主动做好示范

▶ 父母主动和熟人打招呼，给孩子做出良好的示范。例如，父母在带孩子外出遇到熟人时，可主动上前打招呼，并在事后提醒孩子打招呼是表示友好的重要方式。

▶ 培养孩子的社交意识。例如，父母在遇到同事和朋友时，需要很正式地把孩子介绍给他们，同时也要让孩子知道对方是谁，该如何称呼。

5 避免出现以下不恰当的教育行为

▶ 当众批评孩子不懂礼貌。当众批评会伤害孩子的自尊心，也会让孩子产生自卑感。

▶ 强迫孩子打招呼。例如，对孩子说"你快点说'叔叔阿姨好'""你怎么不说啊"，这样向孩子施加压力，结果往往适得其反。

▶ 训斥孩子不大方、胆小、害羞等，随意给孩子贴标签。

▶ 不教给孩子打招呼的方式方法，认为孩子会打招呼是理所当然的。

想知道原因吗

5岁左右的孩子不主动和陌生人打招呼是成长过程中的正常现象，这和孩子存在陌生人焦虑、孩子的心理理论能力以及社交技能发展不成熟有关。孩子不打招呼多是存在陌生人焦虑，也就是我们常说的"怯生"。陌生人焦虑是一种具有自我防御与保护功能的正常心理现象，孩子的"怯生"与退缩是其保护自身的一种本能。陌生人焦虑也是孩子情绪发展的一项指标，孩子见到熟悉的人时会高兴与亲近，而面对陌生人时会恐惧和退缩，这说明伴随着智力与情绪的发展，他们已经开始区别对待亲人和陌生人。"怯生"现象反映了孩子对陌生人的感知，这也在一定程度上反映了孩子的心理理论能力。简单地说，心理理论就是孩子推断、猜测他人心中所想的能力，是儿童对自己和他人心理状态的认识，包括对他人的需要、信念、意图与感知的认识，儿童可以通过对他人心理状态的认识，来对其相应的行为做出一定的解释与预测。因此，孩子若具有较强的心理理论能力，就可以加深与他人的互动交流。所以，见人不打招呼可能是由于孩子心理理论能力较弱。此外，孩子不打招呼可能和其缺乏社交技能和经验有关。

我们将孩子不打招呼的原因总结在下表里，方便您了解。

孩子不打招呼的原因

序号	原因概括	具体分析
1	存在陌生人焦虑。	孩子对陌生人产生焦虑说明其能够区分亲人和陌生人。而焦虑反映出孩子在人际交往中还需要学会和他人建立信任感。
2	心理理论能力较弱。	孩子的前额叶皮层发育不够成熟，认知能力不能帮助他们理解他人的想法，无法预知陌生人是否认识自己。
3	缺乏社交技能和经验。	社交技能和经验的习得需要父母给予示范和及时巩固、强化。

> **黄金小建议**
>
> 　　交往羞怯是孩子的一种正常情绪表现，要想解决这种问题，父母与孩子需要共同努力。父母不要操之过急，要给孩子一些时间和机会，要学会静待花开。

如何应对孩子爱告状

> **名家智语**
>
> 你的举止应温和，即使惩罚他们，态度还是要镇定，要使他们觉得你的做法是合理的，对于他们是有益的，而且是必要的。
>
> ——英国哲学家洛克

明明喜欢和小区里的小朋友们玩，但他经常玩着玩着就跑到妈妈面前告状。他经常对妈妈说："妈妈，妈妈，强强不守规则，你去帮我批评他！"这时，妈妈应该怎么办？

需要做的事情

1 对孩子的告状行为表示关切

- 孩子告状时，蹲下来耐心倾听孩子的诉说，尊重孩子表达自己的意愿。
- 对告状事件表示关切，在孩子叙述过程中不时给予回应，例如，对孩子说："嗯，我知道了，你们在一起玩游戏，那接下来又发生了什么？"

2 针对不同类型的告状，采取不同的处理方法

- 对于求助型的告状，父母可以教给孩子一些社交技巧，让孩子自己处理和同伴之间的矛盾，如告诉孩子对不遵守规则的小朋友说："你们选我做队长，大家听我的，不遵守规则的小朋友不能玩游戏。"
- 对于表现型的告状，父母要引导孩子独立解决问题，而不是代替孩子解决问题。如果每次孩子告状，父母都说："好，我来帮你批评

他。"孩子的告状行为会越来越严重。

3 引导孩子分析引起冲突的原因

- 孩子告状的时候，父母要善于引导孩子说出告状的原因，回忆事情发生的经过。
- 孩子情绪不稳定时，先让孩子平静下来，再叙述事情经过。
- 引导孩子完整叙述事件，包括时间、地点、人物以及事件的起因、经过和结果等，让孩子回忆事件发生的过程，再让孩子试着自己说出解决问题的办法。

4 尝试让孩子自己去解决冲突

- 如果告状的起因只是同伴之间的小摩擦，建议父母和孩子一起进行角色扮演，再现摩擦发生的过程，让孩子理解同伴的想法，体谅他的做法。
- 鼓励孩子进行积极的社会交往，如果是孩子自己做错了，父母要教会孩子安慰同伴，向同伴道歉，如轻抚同伴的肩膀，说："别哭了，我错了，对不起！"
- 如果是同伴做错了，让孩子主动去要求同伴道歉，如对同伴说："这件事是你错了，请你向我道歉，我们还是好朋友。"

5 当孩子被欺负时，父母要及时出面保护孩子

- 如果告状的原因是孩子被欺负，父母应及时了解事件的真实过程，让孩子不要害怕，说出真实情况。
- 了解孩子受欺凌的原因，找到欺负孩子的一方，寻求公正公平的解决方案，如果涉及人身伤害，可通过幼儿园解决问题。
- 为孩子提供一个安全的生活环境，让孩子感受到父母是有能力保护

他的。
▶ 如果孩子被欺负后出现心理创伤，请及时寻求专业机构的帮助。

6 避免出现以下不恰当的教育行为

▶ 居高临下地和孩子说话。这样孩子必须仰着头和父母说话，孩子得不到关注会更加着急。
▶ 对孩子的告状行为漠不关心，甚至批评孩子。这会导致孩子再也不敢和父母说自己的心事。
▶ 冤枉孩子。在解决告状事件的过程中，偏心某一方或者草草解决，不给孩子申诉的机会。
▶ 教授错误的社交行为，如告诉孩子"某某小朋友不好，以后不要和他一起玩了"。

想知道原因吗

　　3~6岁的孩子爱告状体现了孩子是非观念的发展，与孩子的道德发展水平密切相关。是非观念是指判断一件事对错的观念，孩子的是非观念往往是以自我为中心的。父母与老师在他们道德发展的过程中充当着权威的角色，所以当孩子受到委屈或者感觉到规则被破坏时，就会寻求大人的帮助。孩子在告状问题上具有个体差异，有些孩子不告状，有些孩子习惯告状。此外，孩子爱告状在一定程度上反映了其同伴关系出现了问题。儿童在社会化的过程中，同伴接纳是很重要的事情。心理学家认为同伴接纳是儿童在同伴心目中值得交往和受到喜爱的程度，而被同伴提名不喜欢次数多的孩子会被忽视和拒绝，这可能也是导致孩子爱告状的原因，被忽视和拒绝的孩子会通过告状来寻求父母和同伴的关注。爱告状的孩子还可能缺乏处理同伴关系的策略，在同伴交往中经常会受到排斥，在出现同伴冲突时，不能很好地解决，只能通过向权威人物告状来避免被欺负。
　　我们将孩子爱告状的原因总结在下表里，方便您了解。

孩子爱告状的原因

序号	原因概括	具体分析
1	想要得到同伴或者父母的关注。	孩子想得到更多的积极关注，以满足自己被尊重、被重视的心理需求。
2	社交技能较差，经常和同伴发生摩擦。	孩子的认知能力不能帮助他们理解他人的想法，这可能导致人际交往中出现小摩擦。
3	同伴接纳度低，在同伴交往中被忽视或者拒绝。	儿童在3~6岁开始进行社会交往，在社会交往过程中是否获得同伴的接纳受到多种因素的影响，一些孩子容易被同伴忽视和拒绝。

> **黄金小建议**
>
> 有的孩子告状是为了求助，有的孩子告状是为了表现自己。无论哪一种形式的告状，父母都要认真倾听，冷静面对孩子的告状。最重要的是，伸手援助时，要合情合理。

如何使孩子遇到困难不退缩

> **名家智语**
>
> 给孩子多多提供尝试机会也是挫折教育的有机组成部分。孩子一旦被剥夺了尝试的机会，也就等于被剥夺了犯错误和改正错误的机会，因此也不可能迈向成功之路。
>
> ——德国教育家舒马赫

面对困难，很多孩子容易垂头丧气，不迎难而上。一旦遭遇挫折、失败，他们就退缩。那么，如何才能使孩子遇到困难不退缩呢？

需要做的事情

1 再给孩子几分钟

- 陪伴孩子，询问孩子的感受和接下来的打算，例如："是不是不开心了？我们一起想想接下来怎么做吧！"
- 给孩子一些思考与尝试的时间。
- 让孩子哭一会儿，当孩子哭够了，就会重新思考如何解决问题。

2 安抚孩子的情绪，提高孩子的自信

- 及时安抚孩子的情绪，不要反应过激或大惊小怪。
- 讲讲自己的故事。父母给孩子讲自己克服困难的经历，既可以转移孩子的注意力，又可以给孩子树立榜样。例如，告诉孩子："妈妈也遇到过困难，妈妈小时候学习系鞋带的时候，姥姥教了我好几天呢！"

▶ 在日常生活中，父母可以让孩子做一些简单的事，让其体验成功的快乐，提高自信心。

▶ 每当孩子取得成功或点滴进步时，要及时反馈，如："你通过自己的努力已经能完成这个拼图了。妈妈相信你多多练习，一定能做好更多的事情。"

3 父母的暖心指导是孩子坚持的法宝

▶ 给孩子一些小提示。必要时，提供一些细微的帮助和指导，让孩子循序渐进地达成目标。

▶ 可以选择言语或非言语方式进行指导，切忌直接代替孩子做事。例如，面对多次系衣扣系不上的孩子，要温柔而有耐心地说："不要急，妈妈相信你一定能学会。我们试着用手抓住扣子，一点儿一点儿地往衣服洞洞里塞。慢慢来，多练几次就好了，你这次已经比上次做得棒多了。"

▶ 培养孩子应对问题的意识和解决问题的思维。问问孩子："你表哥这次考试没有考好，我们该对他说些什么呢？""我听说有个小朋友用积木搭城堡总是不成功，你有什么好办法吗？"

4 避免出现以下不正确的教育行为

当孩子遇到困难退缩时，以下教育行为并不能帮助孩子解决问题，反而会产生不良的影响。

错误行为对照表

错误行为	不良影响
贴上"笨小孩"的标签。	面对孩子接二连三的失败，如果父母不耐烦或者无可奈何地说"你怎么这么笨啊"，就容易使孩子产生自我怀疑。
采取旁观者策略。	面对失败的孩子，如果父母采取置之不理的态度，容易使孩子误认为"我真的不行，妈妈也不愿意帮我了"。

— 行为与习惯 —

续表

错误行为	不良影响
鼓励不恰当。	鼓励是培养孩子自信心的"魔法棒",但生硬、不合适的鼓励反而会让孩子灰心,感到过多的压力。例如,对孩子说:"这是个超级简单的任务,别的小朋友都完成了。"

想知道原因吗

遇到困难就退缩的现象在4~6岁的孩子中极为常见。其实,这是习得性无助搞的鬼。习得性无助是由心理学家塞利格曼提出的,是指孩子认为自己的行为举动与结果之间没有任何关系,认为自己不仅无法控制当前的结果,而且无法控制未来的结果。习得性无助作为一种消极、痛苦的体验,它不仅阻碍孩子的自我发展,也不利于孩子坚韧意志的形成。我们将孩子遇到困难就退缩的原因总结在下表里,方便您了解。

孩子遇到困难就退缩的原因

序号	原因概括	具体分析
1	对自己评价过高。	孩子通常会高估自己的能力,对自己有积极的评价。这种评价使得他们在面对失败时产生强烈的挫败感。
2	他人的消极反馈。	孩子失败时,成人给予过多的消极评价,容易导致孩子遇到困难就退缩,把一切失败都理解为"因为我很笨,我做不好"等。

> **黄金小建议**
>
> 父母需要帮助孩子形成积极的自我评价,切忌使用负面的言语评价,以免给孩子带来不良影响。

如何使孩子不声如洪钟

> **名家智语**
>
> 光靠大声叫嚷,并不能证明什么事情。一只母鸡不过下了一个蛋,却每每要咯咯地叫一阵,好像它生下了一颗小行星似的。
>
> ——美国作家马克·吐温

在日常生活中,孩子总是不分场合地大声说话,很难控制自己说话的音量。当孩子声如洪钟时,父母应该怎么办?

需要做的事情

1 原因大探究

- ▶ 带孩子检查听力。当孩子听力受损时,会大声说话,这是由生理原因导致,应带孩子去专业机构做检查诊断。
- ▶ 分析孩子大声讲话时所处的环境。如果孩子通常在室外或吵闹的环境中才大声讲话,说明是由环境因素导致的。此时,尽量帮助孩子降低外界噪声,以免大声讲话损伤孩子的声带。

2 控制与孩子日常交流的音量

- ▶ 父母要控制说话的音量。在日常生活中,家人如果习惯大声讲话,孩子就会学习这种大声的交流方式。因此,生活中与孩子交流时,父母要学会控制音量。

▸ 积极回应孩子。当孩子向家人表达诉求时，要积极予以回应。切忌在孩子小声说话时不理睬，在孩子大声说话时进行反馈。否则，孩子会养成大声说话的习惯。

▸ 制定家庭规则。要求每一名家庭成员都不在房间内大声喊叫，并让孩子学会在不同的语言交流环境中正确控制自己说话的音量。

3 让孩子在游戏中学会控制音量

▸ 游戏是孩子的最爱。他们在游戏中快乐成长，也可以在游戏中学习。

▸ 大人可以经常陪孩子玩一些控制音量的小游戏，这既能帮助孩子学会小声说话，又有利于增进亲子感情。

▸ 进行自编"悄悄话"游戏。爸爸妈妈与孩子说悄悄话，看谁说话的声音最小。在玩游戏的过程中，孩子能逐渐学会控制自己的音量。

▸ 父母可以根据孩子的特点，有针对性地设计小游戏，以帮助孩子控制说话的音量。

4 避免出现以下不正确的教育行为

如果父母在生活中出现了以下教育行为，很有可能会导致孩子大声讲话。父母可将自身行为与下表对照，避免出现类似情况。

错误行为对照表

错误行为	教育影响
父母常喊。	孩子犯错误时大人给以严厉的苛责，夫妻产生矛盾时进行言语争执，孩子会模仿这些行为。
你喊我吼。	当孩子大声说话时，有时父母会以更大的声音来压制孩子。孩子可能会学习这种错误的表达方式。
不分场合地鼓励孩子大声说话。	有时父母为了使孩子上台表演时落落大方、声音洪亮，会鼓励孩子大声说话。但在鼓励的同时，父母要告诉孩子大声讲话要分场合。

想知道原因吗

孩子讲话声如洪钟,这与心理语言学中的语言产生息息相关。语言产生(又叫语言表达),是指人们通过语言器官或手的活动,把所要表达的思想展现出来。语言作为一种社会现象,是人们交流思想的重要途径。语言产生是受认知系统直接支配和调节的活动。我们将孩子声如洪钟的原因总结在下表里,方便您了解。

孩子声如洪钟的原因

序号	原因概括	具体分析
1	迫切需要关注。	孩子通常会通过大声讲话来吸引他人的注意,以此达到自己受关注的目的。
2	情境分析有误。	孩子还无法正确分析情境,尚未学会分场合说话、看对象说话,就容易总是大声说话。

> **黄金小建议**
>
> 在生活中,无论是夫妻交流还是亲子交流,父母都要起到榜样作用,控制好自己的音量。音量本是交流工具的一个"零件",没它不行,使用好音量才能让它在语言表达中发挥更好的作用。

如何使孩子不争抢他人物品

> **名家智语**
>
> 乐人之乐，人亦乐其乐；忧人之忧，人亦忧其忧。
>
> ——唐代诗人白居易

"是我的""给我"这些话有时会传进2岁左右孩子父母的耳朵里，平时看似乖巧的宝贝，有时候会因为一件小玩具瞬间变脸，和别的小朋友抢得不可开交。面对此情此景，父母应该怎样做？

需要做的事情

1 正确应对孩子争夺物品的方法

- 细心观察。父母要细心观察孩子和小朋友争抢物品的过程，初步判断孩子争抢物品的原因。
- 给予孩子自行处理的时间。一般等待的时间不要超过2分钟。没有大人的干涉，孩子可能会尝试着用自己的方法解决问题。争抢物品也是孩子的一种社会交往行为。在没有发展为打人的状况前，尝试让孩子自己学习如何与小伙伴交往和解决争执。
- 孩子在和小朋友争抢物品的过程中，难免会因情绪激动而哭闹。父母要在孩子情绪稳定后和孩子沟通，这样父母的话才能起到作用。
- 可以通过做游戏、阅读绘本、看动画片等方式引导孩子学会与他人交往。在游戏中，父母可平均分配玩具，提前告知孩子哪些是自己的、哪些是他的，游戏中让孩子理解借与还的过程，礼貌地问孩子是否可以将玩具借给自己玩，而不是随手拿来。在游戏中，对孩子争抢玩具的行为进行纠正，对孩子礼貌借与还的行为进行表扬和奖励。

2 制作"孩子争夺物品行为记录表"

2岁左右的孩子不仅对自己的东西具有强烈的物主意识，有时对他人的物品也经常"宣誓主权"，表示这些都是"我的"。父母可以在表格中及时记下孩子争夺物品的行为，以发现其中的规律。

▶ 记录争夺物品的名称。
▶ 记录孩子争夺的物品原本属于谁。
▶ 记录孩子争夺的对象。
▶ 记录孩子坚持争夺物品的原因。

孩子争夺物品行为记录表

日期	争夺物品	物品所属	争夺对象	争夺原因

3 避免出现以下不恰当的教育行为

▶ 溺爱孩子。过于溺爱孩子，会使孩子成为家中的"小皇上""小公主"，他们的脑海里没有"你的""我的"之分，只要他们能触及的物品，都归他们所有。当他们离开熟悉的环境和溺爱他们的人以后，问题便接踵而至。

▶ 视而不见。很多父母认为小孩子吵架三分钟就好，因此对孩子争抢物品的行为司空见惯。这样做不仅使孩子感到自己被忽视，长此以往也会使孩子养成不良的社会行为。

▶ 强迫孩子分享。分享是美德，但经常强迫孩子分享，会对孩子造成不良影响。很多成年人不知道如何拒绝别人，往往是在与他人建立边界时忽视了最重要的一点：关爱自己。

想知道原因吗

2岁左右的孩子平时在家很乖，但在外面却会出现和小朋友抢物品的行为，无论这个物品是他有的还是没有的，都想占为己有。争抢行为的背后是孩子物主意识和自我意识的发展。我们将孩子争抢物品的原因总结在下表里，方便您了解。

孩子争抢物品的原因

序号	原因概括	具体分析
1	物主意识的发展。	物主意识的发展不仅表现为孩子会说"这是我的""我不给"一类的语言，也表现在孩子争和抢的行为之中。争抢的对象并不是行为产生的关键，孩子物主意识的发展是争抢行为的主要原因。
2	自我意识的发展。	从2岁起，儿童的自我意识快速发展，2岁左右的孩子掌握了第一个人称代词"我"，因此更为频繁地使用"我要""我的"等表达方式。随着自我意识的不断发展，孩子的占有欲也在不断增长，甚至产生争抢行为。

黄金小建议

在呵护孩子"小小的自我"发展的基础之上，引导他们去爱、去分享。

如何应对孩子一上幼儿园就生病

> **名家智语**
>
> 孩子在快乐的时候，他学习任何东西都比较容易。
>
> ——英国社会学家赫伯特·斯宾塞

很多父母发现，平时不爱生病的孩子，只要一上幼儿园就会生病。面对这种情况，父母应该怎么办？

需要做的事情

1 应对孩子上幼儿园就生病的方法

- 多与孩子交流。了解孩子在幼儿园的生活情况，询问孩子喜爱幼儿园的哪些方面、不喜爱幼儿园的哪些方面，仔仔细细地查找原因。
- 在入园前，培养孩子良好的卫生习惯。比如，饭前便后要洗手。虽然看起来这是件小事，可是在幼儿园的大环境中，孩子与小朋友互动较多，细菌容易传播，若孩子能够保持清洁，就可以降低感染外界细菌的概率。
- 要有意识地搭配孩子的饮食，尽量做到营养均衡。合理膳食在保证孩子充分摄入营养的同时，也能够解决孩子挑食的问题。很多孩子都有挑食的问题，如只吃菜不吃米饭，或对菜挑三拣四，这在一定程度上会导致营养不良。
- 让孩子多进行户外活动，这对免疫力的提高非常重要。孩子一天中的大多数时光都是在幼儿园度过的，由于人数、天气或场地等因素的限制，孩子每天进行户外活动的时间非常有限。建议父母在离园后或周末，多抽出时间带孩子进行户外活动，呼吸新鲜的空气。
- 做好孩子的心理保健。在入园前，可以多与孩子讲讲幼儿园里那些好玩的事情，或带孩子参观幼儿园，有条件的话还可尝试让孩子与其他即将入园的小朋友一起玩耍。入园后，父母更要关注孩子的情绪变化，每天与孩子多交流，及时掌握孩子的内心感受，帮助孩子调整情绪，直至孩子完全适应幼儿园的环境。

2 制作"孩子幼儿园喜好记录表"

在表格中记录每次从幼儿园回来后，孩子讲述的喜爱和不喜爱幼儿园的地方。

孩子幼儿园喜好记录表

时间	喜爱的地方	不喜爱的地方
第一天	玩具、小朋友	饭、床

3 避免出现以下不恰当的教育行为

- 强行送孩子入园。在不清楚孩子对幼儿园恐惧的原因之前，父母不要忽视孩子的感受，强行送孩子入园，否则只会使孩子产生心理阴影，更加恐惧幼儿园。
- 放任孩子。只要孩子在幼儿园一生病，就把孩子接回家，这样会导致孩子在幼儿园稍有不顺，就拿出回家这个保护伞。长期下去，不利于孩子的社会性发展。

想知道原因吗

孩子一上幼儿园就生病，不仅有生理原因，同时也有心理因素的影响。我们将这种现象产生的原因总结在下表中，方便您了解。

孩子一上幼儿园就生病的原因

序号	原因概括	具体分析
1	免疫力低下。	如果孩子比较偏食，会导致体质弱。当孩子进入幼儿园，环境变得更加复杂，会接触到更多的细菌，小朋友们一起玩耍可能造成交叉感染，导致孩子易生病。
2	自我防御。	精神分析学家弗洛伊德认为，当个体内心冲突、焦虑时，自我会无意识地运用一些应对方式，即自我防御机制，以保护自我免受痛苦折磨。把内心冲突转换为躯体性症状便是其中的一种自我防御机制。一旦这种防御机制生成，孩子就会形成一去幼儿园就生病的应对模式，以缓解内心的压力。

> **黄金小建议**
>
> 幼儿园是一个"新家"。在没去这个新家之前，让孩子先了解一下它，它一定很可爱，一定在那儿欢迎孩子。

如何避免孩子迷恋iPad

> **名家智语**
>
> 良好的模范、恳切的语言和真诚坦白的同情，系指父母、教师、同学及其他人的示范对儿童的影响。
>
> ——捷克教育家夸美纽斯

随着信息技术的飞速发展，越来越多的父母开始犯愁：孩子才这么小，就迷恋电子产品，每天玩iPad都不想吃饭。一旦没收，他就发脾气、哭闹。这该怎么办呢？

需要做的事情

1 遵循以下几条原则，帮助孩子正确使用iPad

- 以身作则，恰当使用电子产品。早期个体最主要的学习方式就是模仿他人，尤其是身边的成人。因此父母在要求孩子时，自己要以身作则，不要迷恋电子产品。
- 父母双方要"统一战线"。父母双方要统一想法和做法，让孩子意识到过多地迷恋iPad是不可取的，帮助孩子早日养成健康的生活习惯。
- 丰富家庭生活。父母若能够有意识地丰富家庭生活，如进行亲子阅读、周末一起看电影、制作创意美食等，多花一些时间和孩子一起感受生活的美好，孩子会渐渐无暇顾及iPad，爱上真实的世界。
- 培养孩子的其他兴趣，转移孩子的注意力。很多时候，孩子并不是愿意玩iPad，而是因为没有替代物，只要找到其他兴趣点，他们就可以放下各种电子产品。

2 制作"我与iPad'日常互动'表",帮助孩子监督自己

当遇到孩子迷恋iPad的情况时,请总结规律,采用合理的方法帮助孩子解决这个问题。

▶ 父母和孩子一起记录孩子每天使用iPad的次数、时长以及用途。

▶ 父母对孩子每天的表现进行评价。

▶ 孩子进行自我反思。

▶ 进行一周总结,让孩子看到自己的进步或退步,展开亲子交流并制订下周的计划。

我与iPad"日常互动"表

日期	次数	时长	用途	父母评价	自我反思	周总结

3 避免出现以下不恰当的教育行为

▶ 一味指责孩子。很多父母发现孩子迷恋iPad,就先入为主地指责孩子不听话、不上进。那孩子为什么会这样,父母考虑过原因吗?探讨孩子行为背后的原因,帮助孩子正确使用电子产品,才是父母该做的。

▶ 言行不一致。有时,父母自己就言行不一、反复无常。孩子玩久了,父母就开始批评。孩子一旦闹得厉害,父母就妥协了。有时爸妈管教,爷爷奶奶却偷偷让孩子玩,孩子只会有恃无恐,变本加厉。

▶ 采取强制手段。电子产品已经融入人们的日常生活中了，所以强制孩子绝不接触iPad等电子产品也是不可能的。很多时候，强制手段只会适得其反，孩子会更加好奇。此外，电子产品若能被正确使用，它们会是孩子学习和生活的好帮手。这就要看成人如何教导孩子了。

想知道原因吗

随着信息社会的不断发展，越来越多的孩子迷恋电子产品。一方面是因为孩子的抑制机能发展尚未成熟，自我控制能力较差。另一方面，很多社会因素也成为"帮手"：网络世界中的诱惑、成人的"言传身教"（如每天谈论网络内容，每天手机不离手）等都会成为孩子沉迷iPad等电子产品的重要原因。我们将孩子玩iPad停不下来的原因总结在下表里，方便您了解。

孩子玩iPad停不下来的原因

序号	原因概括	具体分析
1	抑制机能发展不成熟，自我控制能力差。	年龄较小孩子的大脑发育还不成熟，他们的自我控制能力还较弱，所以在父母照顾不到的时候容易迷恋iPad。
2	网络规范较差，成人的负面榜样。	现在网络信息繁杂，内容褒贬不一，孩子却容易被吸引。 成人总是面对电脑，紧盯手机。一方面，成人给孩子树立了不好的榜样；另一方面，成人陪孩子的时间和精力大打折扣，孩子不知道自己该干什么，只能学习成人，养成不良的习惯。

> **黄金小建议**
>
> 网络是一把双刃剑，就看我们如何使用它。孩子能否正确使用电子产品，在于父母的言传身教。要想孩子不迷恋iPad，父母应先远离那些东西。

如何制止孩子动手打人

> **名家智语**
>
> 孩子成功教育从好习惯培养开始。
>
> ——作家巴金

2岁左右的孩子总是爱动手打人,有的时候是因为自己碰到了不开心的事情,有的时候是因为父母未满足自己的要求,有的时候却没有任何原因就动手打人。父母既担心又困惑,应该怎么办呢?

需要做的事情

1 辨别孩子的无意和有意打人

▶ 孩子因处于动作发展的特定阶段而动手打人,如果是无意的,这可能是孩子的一种表达方式,来代替未形成的言语能力。父母若强行阻止,将对孩子的表达造成一定的干扰,会在情绪情感上对孩子造成伤害,容易导致孩子产生自卑感与羞耻感。所以,在尊重孩子个体发展的前提下,父母应以平常心对待该行为。

▶ 如果孩子动手打人是有意的,那么父母应该及时制止。如果在一开始时大人没有严厉制止,孩子将会形成爱动手打人的习惯,习惯一旦形成,就很难改正。

2 正确进行教育疏导

▶ 除了及时制止之外,父母更应该给孩子立下规矩,不准其动手打人。

古人云："没有规矩，不成方圆。"父母最好在不良行为发生之前，告知孩子动手打人的危害，辅以具体的实例，反复教导孩子。
▶ 孩子爱动手打人的主要原因是缺乏人际交往的技能。比如，孩子和一个小朋友玩耍时，他想要的玩具对方不给，在没有习得很好的表达不满（愤怒）的方式时，往往会动手打小朋友，殊不知这将弄巧成拙。父母教育孩子时，应注重提高孩子的人际交往能力。

3 避免出现以下不恰当的教育行为

▶ 以暴制暴。父母不要在不了解孩子动手打人的原因时，就采用以暴制暴的方式去制止该行为，这样不仅会对孩子的心理造成伤害，还会间接地为孩子的不良行为提供模仿的"源泉"。
▶ 公开批评。为了保护孩子的自尊心，切忌在公开场合大声批评孩子的不良行为。在行为发生后，可以将孩子拉到一边耐心询问、倾听和教导，以促进问题的解决和良好行为习惯的养成。
▶ 视而不见。有些父母认为小孩子爱动手打人是很平常的行为，因此对此置若罔闻。然而，长此以往，将不利于孩子良好行为习惯的养成，为孩子日后的社会适应埋下不良的"种子"。

想知道原因吗

2岁左右的孩子爱动手打人，有时是事出有因，有时却是无缘无故。杜绝不良行为，从了解其背后的原因开始。

孩子爱动手打人的原因

序号	行为分类	原因分析
1	无意动手	从儿童心理学中动作发展的视角来看，孩子在9个月左右时手部的功能分化具有飞跃性的发展，手腕到上臂的支配能力也随之增强。此时，动手打人这一行为具有无意性，是孩子动作发展过程中的一种自然现象。

续表

序号	行为分类	原因分析
2	有意动手	有意的动手打人是攻击行为的表现之一，这是孩子表达内心感受的一种途径。2岁左右的孩子在与人交流时，常常使用动手的方式来表达其愿望与要求。在多数情况下，孩子动手是为了获得父母的注意，通过这种方式来得到父母的关注。

> **黄金小建议**
>
> 孩子动手打人可能是好动的天性使然，也可能是没有规矩的体现。作为父母，分清两种情况，因时因事引导，就会让孩子少动手、多表达。

— 行为与习惯 —

如何应对孩子的"小倔驴"脾气

名家智语

凡事都有规矩。

——古希腊哲学家德谟克利特

生活中，有的孩子经常向父母提出各种要求。当父母无法满足孩子的要求时，孩子经常通过哭闹达到目的，直到父母同意为止。面对孩子的这种"小倔驴"脾气，父母应该怎么办呢？

需要做的事情

1 坚持原则，重视教育

▶ 对于习惯用满地打滚来逼迫父母满足自己需求的"小倔驴"，为了让他不再通过哭闹来达到目的，父母一定要学会跟他讲条件。

▶ 面对这样的"小倔驴"，平时的细碎小事都是教育他的时机。比如，他不愿意和邻居阿姨打招呼，父母千万不要对他说"说话呀，说话呀，要懂礼貌"，这样他会无所适从，他不知道说什么，也不知道什么样是有礼貌。父母要主动和邻居打招呼，给他做示范，当他看到阿姨的笑容时，他会知道，这样做是好的，是受欢迎的，慢慢地，他便会主动和人打招呼了。

2 明确规则，严格遵守

▶ 制定明确、具体的规则，让孩子知道什么事是可以做的，什么事是不可以做的。比如，一天当中什么时候睡觉、电视可以看多久、主动如厕、主动收拾玩具等，以及一个月中哪一天是劳动日、哪一天是游戏日、哪一天是美食日等，都做出明确的规定。

▶ 在制定规则的同时，也要制定相应的奖惩制度。最好用孩子喜欢的事情当奖励，以此作为一种强化方式，从而激励孩子做他本身不喜欢的事。比如，孩子喜欢画画而不喜欢收玩具，父母可以把延长画画时间当作奖励，如果玩完玩具收起来，便可以多画10分钟画。

3 避免出现以下不恰当的教育行为

▶ 纵容孩子。有些父母对孩子提出的任何要求都尽力满足，认为要把一切都给孩子，殊不知没原则地满足孩子反而不利于孩子的成长。

▶ 对孩子的要求不耐烦。父母对于孩子过多的要求经常会表现得不耐烦，这样会让孩子认为自己的感受并不重要，不值得父母重视。此刻父母应该多些耐心，并通过合理的方式去解决问题。

▶ 出尔反尔。许多父母在答应孩子的某个要求后，常常因为自己的原因不能落实，并且在日常生活中不能坚守规则，导致孩子无所适从，不利于其规则意识的养成。

想知道原因吗

现实生活中，有很多孩子就像"小倔驴"一样，只要不满足他的要求，他就满地打滚，不达目的誓不罢休。这主要是因为孩子还没有养成良好的规则意识。所谓规则意识，是指发自内心的、以规则为自己行动准绳的意识，比如遵守园规、遵守纪律、遵守游戏规则的意识。另外，倘若孩子满地打滚的行为在父母那里得到了强化，那么这种行为在以后出现的概率也会增加。强化是指通过给予正性刺激，或撤除负性刺激，来增加某种行为的发生概率的过程。我们将导致孩子出现该种行为的原因总结在下表中，方便您了解。

孩子是"小倔驴"的原因

序号	原因概括	具体分析
1	缺少规则意识。	个体规则意识的内容和特点是与其思维发展阶段相适应的。幼儿规则意识的发展处于依从和认同阶段,父母要遵从这一阶段的特点,选择培养孩子规则意识的方法。儿童规则意识的形成,实际上是儿童逐渐对教育者制定的规则认同、接纳并最终内化的过程。
2	父母的强化。	当父母的做法没有达到孩子心中的理想标准时,一些孩子常常会采取哭闹的方法来向父母表达不满。这时,假如父母因心疼孩子、不愿再让孩子哭闹等各种原因而向孩子妥协,那么孩子的哭闹行为则得到了强化。当再发生类似的情况时,孩子仍会以哭闹行为来解决问题。

黄金小建议

孩子是"小倔驴"不可怕,可怕的是父母不知道如何对待"小倔驴"。呵护"小倔驴"的自尊心,并制定规则、条约,让他知道发脾气乱闹是行不通的。

如何让孩子爱吃蔬菜

> **名家智语**
>
> 保持健康，这是对自己的义务，甚至也是对社会的义务。
>
> ——美国物理学家富兰克林

很多孩子吃饭挑食，蔬菜几乎一口不吃，平时爱吃肉、零食，饭菜里有蔬菜就会挑出来，喂他们吃蔬菜时，他们就把头扭过去。面对这种情况，父母应该怎么办呢？

需要做的事情

1 变身烹饪高手，丰富孩子的餐桌

- ▶ 把蔬菜做得更好吃。为孩子做蔬菜沙拉、凉菜、火锅蔬菜拼盘……美味、多样的菜肴，孩子才会更喜欢吃。
- ▶ 检查每天的饮食是否营养均衡。孩子不爱吃蔬菜，一定要增加粗粮、杂粮的摄入，粗粮、杂粮的膳食纤维含量都比较高。
- ▶ 烹饪方式要适合孩子的年龄特点。由于孩子年龄小，牙齿发育不好，咀嚼能力差，做菜时应把菜切得碎些，炖得时间长些。
- ▶ 注意食物的色彩搭配，引起孩子的食欲。
- ▶ 制作美味蔬菜汤也是个好办法，待孩子适应之后逐渐加菜，尽量少盛多添。
- ▶ 对于年龄稍大些的孩子，可让他和父母一起买菜、摘菜、洗菜，父母炒菜时让他在一旁当小助手。由于孩子亲自参与，会产生自主感和自豪感，会觉得自己参与做的蔬菜更好吃。

2 巧用集体生活，培养好习惯

▶ 让孩子和爱吃蔬菜的小朋友做朋友，同伴是最好的榜样。
▶ 关注孩子在园"三餐两点"的表现，规律的饮食、作息能够帮助孩子养成良好的饮食习惯。
▶ 和老师谈一谈。老师的关注和鼓励也可以助力孩子不挑食、爱吃蔬菜。
▶ 鼓励孩子参加体育锻炼。这样孩子会更有食欲，才会更愿吃蔬菜。

3 蔬菜天天见

▶ 时不时给孩子讲各种蔬菜的营养价值。
▶ 使用蔬菜卡片。英语教学、认蔬菜、数字学习，都可以使用蔬菜卡片、蔬菜图片作为教学素材。
▶ 家里换用以蔬菜、食物为主题的地垫。
▶ 美味厨房过家家。给孩子添置烹饪主题的角色扮演游戏道具，家长扮演顾客，对孩子说："老板，我想点一份蚝油生菜！"让孩子在游戏中提升对蔬菜的好感。

4 避免出现以下不恰当的教育行为

▶ 强迫孩子吃蔬菜。如果孩子实在不愿吃某一种菜，不要强迫也不要诱骗他吃蔬菜，避免孩子边吃边哭。
▶ 无条件妥协。妥协无益于好习惯的养成。
▶ 用大量肉类、零食代替蔬菜。这样不仅不利于提升孩子对蔬菜的接纳程度，还会造成孩子营养不均衡。
▶ 天天吃同一种蔬菜。好东西天天吃，肠胃也会说"不"。孩子喜欢吃某种菜，家长就每天都做，孩子不喜欢吃某种菜，家长就不再做那种菜，这样会强化孩子的不良饮食习惯。

▶ 抱怨菜品不好吃。父母要做不挑食的榜样。

想知道原因吗

在生活中,越来越多的父母抱怨孩子吃饭困难,大部分孩子不爱吃蔬菜,爱吃肉。孩子吃饭难、偏食,不能一概而论,有些是环境因素引起的,有些是生理因素引起的。孩子出生以后,最重要的两件事就是吃和睡,吃和睡共同作用的结果就是孩子的成长。在孩子生长发育的早期,没有选择吃的能力和权利,他只能在那里等,父母给什么吃什么,于是父母的饮食习惯也成了孩子吃的习惯。所以孩子吃饭难,我们可以从吃的习惯上找原因。

我们将孩子不爱吃蔬菜的原因总结在下表里,方便您了解。

孩子不爱吃蔬菜的原因

序号	原因分析
1	孩子对蔬菜本来的味道厌恶。有些蔬菜的味道或者口感让孩子厌恶,如洋葱、芹菜、胡萝卜等。
2	家庭膳食习惯的影响。孩子吃的习惯受到家庭成员的饮食习惯的影响。
3	孩子更爱吃肉和零食,因为肉有脂香味,零食又多为甜品。甜味是孩子最早发展起来的味觉之一,因此他们对甜食有特殊的偏好。
4	父母对孩子的溺爱和妥协也会造成孩子挑食。

黄金小建议

父母不挑食,让家里的餐桌丰富起来,并让孩子主动参与到饮食的选择中来,就能让孩子养成科学、健康的饮食习惯。

— 行为与习惯 —

如何应对孩子撕书、撕纸

名家智语

　　教育中应该尽量鼓励个人发展的过程。应该引导儿童自己进行探讨，自己去推论。给他们讲的应该尽量少些，而引导他们去发现的应该尽量多些。
　　　　　　　　　　　　　　——英国社会学家赫伯特·斯宾塞

　　2岁左右的孩子，有的对撕纸"情有独钟"，见到纸就开撕，刚买的书、报纸，都逃不过被撕的命运。父母反复制止，也跟孩子讲了很多爱护书籍的道理，但都没有太大的效果。针对孩子撕书、撕纸的问题，父母该怎么办呢？

需要做的事情

1 细心观察，做有耐心的父母

- 观察孩子撕纸的情形，找到撕纸的原因。孩子是喜欢撕纸的感觉，还是喜欢听撕纸的声音，还是想用撕纸来引起大人的注意？
- 以接纳代替责备，明白"撕"是孩子成长过程中提升手眼协调能力的一种方式。
- 给孩子提供可以撕的纸。
- 给孩子设置一个专门的撕纸区域，父母也方便清理纸屑。
- 让孩子触摸更多的东西来代替纸，如沙子、黏土、冰块等。

2 乱撕变会撕

- 在撕纸过程中，让孩子将纸撕成不同形状，通过形状的拆分和组合，

279

- 可以培养孩子的想象力。
- ▶ 试着让孩子从无目的乱撕变成按照一定的方法撕，这样能让他的手部动作更加精细。
- ▶ 可以提供不同颜色、材质的纸张，增强孩子对颜色、材料的认知。

3 设计撕纸游戏，促进亲子沟通

- ▶ 将撕纸视作一种简单的游戏手段，设计游戏场景，如撕纸搭建迷宫、撕纸搭建格子、玩跳房子的游戏等。
- ▶ 利用撕碎的纸片进行手工制作，可以创作"碎片"画。
- ▶ 抓住教育契机，共同清理撕纸后的"纸屑战场"。

4 避免出现以下不恰当的教育行为

- ▶ 提供废旧的图书给孩子撕。这样做会助长孩子撕书的毛病，要让孩子知道书是不能撕的、要爱护图书，应用废报纸、草稿纸来代替图书。
- ▶ 反复制止。每个孩子对"不"都极为敏感，家长的反复制止，会强化孩子撕纸的行为，孩子会更加乐此不疲。
- ▶ 标签式教育。孩子撕纸时，父母应该避免用刺激性的话语批评孩子或者给孩子贴标签，如淘气包、捣蛋鬼等，标签式的教育会让孩子内化错误的认知评价。

想知道原因吗

2岁左右的孩子喜欢撕书、撕纸是正常的。这是因为孩子的思维发展处于感知运动阶段，实际上，孩子已经具备了一定的思维能力，只是这种思维能力不能通过语言表达出来，而是借助动作表现出来。孩子手指的灵活程度不断增强，撕书、撕纸的动作体现了其精细动作的发展。

我们将孩子撕书、撕纸的原因总结在下表里，方便您了解。

孩子喜欢撕书、撕纸的原因

序号	原因概括	具体分析
1	用动作来探索新事物。	孩子从出生到2岁,思维发展处于感知运动阶段。孩子正是通过触摸、摆弄周围环境中的物体来认识这个世界的。
2	精细动作的发展。	2岁左右的孩子手部动作渐趋精细,基本具备手眼协调能力,活动范围扩大,控制能力提高,能进行较小的抓捏等精细动作。

黄金小建议

撕纸游戏是很好的亲子互动方式,父母要动动脑筋、多些耐心,引导孩子把漫无目的的乱撕变成有目的、有意义的撕纸游戏。撕纸游戏有利于孩子手部精细动作的发展,为将来的握笔写字打下基础。

如何让孩子克服磨蹭

> **名家智语**
>
> 孩子的身上存在缺点并不可怕,可怕的是作为孩子人生领路人的父母缺乏正确的家教观念和教子方法。
>
> ——美国作家珍妮·艾里姆

有些孩子已经上幼儿园了,做事情还是磨磨蹭蹭的。起床磨蹭,父母叫了很多遍他还不起来;穿衣磨蹭,挑选很久还要穿很久;洗漱磨蹭,吃饭也不着急。每当孩子做事情很慢的时候,父母总是催快点,而父母越催促,他越慢。碰到这样的情况,父母该怎么办?

需要做的事情

1 制作"时间—任务规划表",让孩子逐渐形成时间观念

- ▶ 在表格中简要地记录任务内容,如早晨起床、阅读任务、学习任务等。与孩子一起商量,明确任务的具体内容。
- ▶ 在明确具体内容后,告诉孩子完成任务所需的时间,或者和孩子商量,让孩子预估完成任务的时间,并按时完成任务,让孩子在一次次的任务中感受时间的长短,加强孩子的时间观念。
- ▶ 分析任务完成的质量,如孩子的注意持续时间,完成的效率和质量,与孩子一起做适当的总结。

时间—任务规划表

日期	任务内容	预计完成时间	实际完成时间	任务质量

2 掌握帮助孩子改变磨蹭习惯的小方法

▶ 排除无关诱因，让孩子专心做事。孩子做事时，家里环境应尽量保持安静，使孩子能专心于正在做的事情，加快速度的同时也保证质量，慢慢地就能养成好习惯。

▶ 强化孩子的积极体验。家长重点关注孩子不磨蹭的情况，比如，孩子每天晚上上床睡觉前总是磨磨蹭蹭的，而一旦稍微快了一点儿，家长就要给予鼓励，如对他说："宝贝最近表现特别好，不用妈妈提醒，就上床睡觉了。"让孩子获得积极的自我体验，并在孩子和家人面前不断强化孩子的积极体验。

▶ 利用自然教育法，让孩子承担磨蹭的后果。在孩子容易磨蹭的事情后面安排一件他非常感兴趣的事情，与孩子约定好时间，时间一到，提醒孩子一次或两次，然后不再提醒和催促，让孩子自己承担磨蹭的后果，即不能做自己喜欢的事情。

3 避免出现以下不恰当的教育行为

▶ 为孩子的行为贴标签。孩子做事慢，家长在孩子或其他人面前反复说孩子"动作慢""磨蹭""像蜗牛一样"等，给孩子贴上负面的标签，时间长了，孩子就会产生心理认同。

▶ 着急、催促、反复提醒、批评指责。孩子做事情慢，要找到原因，盲目催促、批评指责孩子，会让孩子觉得自己的个性不好。此外，反复催促及提醒，会导致孩子产生逆反心理。

▶ 盲目比较。家长总是拿其他小朋友和慢性子的孩子做比较，伤害孩子的自尊心。

想知道原因吗

3~5岁的孩子磨磨蹭蹭是正常的。一方面，孩子磨蹭与孩子的气质类型有关。做事磨蹭的孩子气质类型主要属于黏液质。黏液质气质类型的孩子安静沉稳，做事谨慎，因此需要更多的时间进行思考。另一方面，孩子年龄小，时间观念还没有形成，加之缺少一定的操作及规划能力，因此容易磨蹭。

我们将孩子磨磨蹭蹭的原因总结在下表里，方便您了解。

孩子磨磨蹭蹭的原因

序号	原因概括	具体分析
1	黏液质气质类型。	气质主要受遗传因素的影响。黏液质气质表现为反应较慢、情绪较为稳定等。不同孩子具有不同的气质类型。气质类型没有好坏之分。
2	孩子年龄小，没有形成时间观念。	这个年龄段的孩子做事情慢是因为他们以具体形象思维为主，对看不见、摸不着的时间没有概念，所以家长需要辅助孩子形成时间观念。

> **黄金小建议**
>
> 孩子对看不见、摸不着的时间没有概念，因此制作"时间—任务规划表"很重要，让孩子在有限的时间内完成任务，形成时间观念，减少磨蹭行为。

如何让孩子减少"画地图"次数

> **名家智语**
> 一个人只能为别人引路，不能代替他们走路。
> ——法国文学家罗曼·罗兰

很多孩子从小就经常睡觉"画地图"（尿床），通常我们认为小孩子尿床是难免的，但孩子越来越大了，晚上睡觉还是经常尿床，让父母很困扰。那么，如何让孩子减少"画地图"的次数呢？

需要做的事情

1 正确区分普通尿床现象和遗尿病理症状

以下遗尿症的诊断标准供您参考：
- 孩子的年龄在5岁以上；
- 每月至少发生1次夜间不自主尿床；
- 孩子尿床症状持续3个月以上。

2 制作"孩子尿床记录表"，总结孩子尿床的规律

- 在表格中，记录孩子每天的饮水量、排尿次数、尿床次数及时间。
- 根据记录表总结规律，分析孩子饮水量、排尿次数和尿床的关系，看尿床多发生在白天还是晚上。

孩子尿床记录表

日期	饮水量	排尿次数	尿床次数	尿床时间
7.1	5杯水、1盒酸奶	幼儿园4次，家里3次	1	午睡期间

3 减少孩子"画地图"次数的小方法

▶ 减少一次性尿布的使用，对孩子加强排尿训练。

▶ 白天适当控制孩子的饮水量并提醒孩子排尿。

▶ 关注孩子的排便情况，如果孩子排便困难，大便干结，会压迫膀胱，造成膀胱难以正常储尿，孩子就会经常有尿意。

▶ 睡觉前，避免孩子过度兴奋并减少饮水量，孩子上床前，最好小便一次。

▶ 减少利尿食品和饮品的摄入，如咖啡、西瓜等。

4 避免出现以下不恰当的教育行为

▶ 讨论或嘲笑孩子尿床。孩子尿床，是家中的小秘密，不要当着孩子的面谈论孩子的尿床行为。大人无意的谈论或玩笑会让孩子觉得尿床是一件很丢人的事情，自尊心会受到很大伤害。

▶ 训斥孩子尿床。严厉的批评和惩罚会伤害孩子的自尊心，无端增加孩子的压力和恐惧的情绪，害处颇多。

想知道原因吗

一般来说，孩子在1岁至1岁半时，就能在夜间控制排尿了，尿床现象已大大减少。有些孩子到了2岁甚至2岁半后，还只能在白天控制排尿，晚上常常尿床，大多数孩子3岁后夜间不再尿床。但是如果孩子5岁以后还在尿床，就应该引起父母的注意了。尿床与否主要在于孩子是否形成自主控制排尿的能力，同时也受遗传和病理因素的影响。

我们将孩子尿床的原因总结在下表里，方便您了解。

孩子尿床的原因

序号	原因概括	具体分析
1	正常现象（3岁以前）	孩子未形成自主控制排尿的能力，该能力的发展存在个体差异，有早有晚。 孩子的自主控制排尿能力受情绪的影响，入园焦虑、心理压力大或紧张等会导致孩子尿床。
2	遗传及病理原因（5岁左右）	如果父母一方在童年期曾有尿床的经历，那么他们的孩子有1/2的概率会尿床。 躯体疾病会导致孩子患有原发性遗尿症或继发性遗尿症，需要引起父母的重视，必要时需要到医院进行治疗。

> **黄金小建议**
>
> 面对孩子尿床，父母要区分普通尿床现象和遗尿病理症状，然后再针对不同情况选择合理的解决方案。

如何让孩子快速入睡

名家智语

无论大人还是小孩，都应抱着对明天的欢乐期望而入睡。同时，也应以愉快的心情早起，这是长寿的秘诀。

——日本教育家木村久一

孩子渐渐长大，每天似乎都有用不完的精力，到了该睡觉的时间还是特别精神，在床上翻来覆去、跳上跳下，总是拖着父母讲故事或者聊天。幼儿园的午睡时间，别的小朋友都睡觉了，他还是很精神。孩子由于入睡困难，有时第二天就会无精打采，父母很担心孩子这样下去会睡眠不足，影响健康，这该怎么办呢？

需要做的事情

1 改善孩子的睡眠环境

- 排除噪声，播放舒缓的摇篮曲或安眠曲。
- 在孩子的小枕头下放个薰衣草香包。
- 拉上窗帘，保持房间内的光线较暗。

2 调整孩子睡前的饮食与运动

- 给孩子提供均衡的饮食，适当在饮食中加入一些健康且有助于睡眠的食物，如燕麦、大麦、红薯等。
- 睡前给孩子准备一杯温热的牛奶，控制孩子甜食的摄入量以及饮水量。
- 入睡前，让孩子减少剧烈运动。剧烈运动容易使孩子处于兴奋状态，更难以入睡。另外，入睡前，应限制孩子玩电子游戏。

3 建立良好的睡前常规

- 确定孩子需要多少睡眠量。一般情况，睡眠时间由孩子的年龄决定。学龄前的孩子正逐步淘汰"小睡"，需要的睡眠量逐渐减少。
- 与孩子一起创建一个晚间入睡时间表，并随着孩子年龄的增长，逐步调整相应的时间安排，让孩子养成习惯。

4 避免出现以下不恰当的教育行为

- 威胁或强迫孩子入睡。不宜让孩子哭着入睡，威胁或是强迫入睡，孩子会将委屈、压抑的情绪带入睡眠，形成恶性循环。
- 着急、催促或极度不耐烦。父母通常急于让孩子早些入睡，越是着急，孩子就越不容易入睡，孩子会把睡觉当作一件有压力的事，这样做也会影响亲子关系。
- 频繁去看孩子的入睡情况。父母过度担心、频繁去看孩子是否入睡，本身对孩子的睡眠就是一种打扰，孩子甚至会以为这是个游戏。久而久之，孩子在入睡的时候就会期待家长来"探望"。
- 孩子睡眠中断，父母立刻安抚。

想知道原因吗

入睡困难在孩子中是一个普遍存在的现象。一方面，睡觉意味着进入黑夜，孩子通常会对黑夜感到恐惧，很多孩子认为只要关灯就不安全，这正是孩子入睡困难背后特定的安全和爱的需要。另一方面，幼儿阶段的孩子以形象、动作思维为主。随着年龄的增长，孩子对活动的需求逐渐增大，在睡前，孩子总想做些事情让自己动起来，比比画画、念念有词，越玩越兴奋，从而加剧入睡困难。

我们将孩子不容易入睡的原因总结在下表里，方便您了解。

孩子不容易入睡的原因

序号	原因概括	具体分析
1	孩子因缺少安全感而不愿入睡。	孩子不能区分梦境和现实，因害怕做梦而迟迟不肯入睡。父母睡前的充分陪伴会让孩子感觉安全、温暖。
2	不适的睡眠环境、兴奋的状态让孩子入睡困难。	嘈杂的睡眠环境、不够温暖舒适的小床、刺眼的光线都容易让孩子心烦意乱。父母在玩手机或看电视，也会让孩子在睡眠这件事上分心。睡前做游戏、喝热饮等会让孩子因兴奋而难以入睡。

> **黄金小建议**
>
> 对于入睡困难的孩子来说，独自应对夜晚是个挑战，父母要营造安全、舒适的环境，让孩子欣然入睡。

如何应对孩子爬上爬下

> **名家智语**
>
> 儿童需要管教和指导,这是真的,但是如果他们无时无刻和处处事事都在管教和指导之下,是不大可能学会自制和自我指导的。
>
> ——瑞典儿童文学家阿斯特丽德·林格伦

孩子似乎永远有使不完的劲儿,9个月左右的孩子就不太喜欢父母抱着了,总是喜欢一个人爬上爬下,可以爬上沙发,也可以挑战爬饭桌。由于孩子不知深浅,很多父母陷入让孩子自由地爬上爬下还是阻止孩子的困惑中。这时,父母应该如何应对呢?

需要做的事情

1 尊重孩子动作发展的规律,引导与支持并重

- 尊重、支持、引导的前提是了解。父母要掌握孩子不同年龄段动作发展的特点。
- 对孩子过剩的精力保持警惕。父母要警惕孩子多动症的发生。

2 为孩子爬上爬下做充分的准备

- 鼓励孩子爬上爬下,不是毫无准备,盲目地大胆放手,而是要做一番充分的准备,毕竟孩子的安全意识是薄弱的。
- 孩子爬上爬下,父母一定要排除安全隐患,如电源插座、热水、锋利的刀具等,有更多的保障才有更多的自由。

3 解放孩子的手和脚，让孩子大胆地爬上爬下

▶ 父母不能因为担心而限制孩子的活动，否则孩子会因为怕摔伤、怕磕碰，变得小心谨慎，不愿意探索。

▶ 必要的疼痛会带来经验。当孩子因爬上爬下而摔痛了哇哇大哭时，要对孩子进行积极引导和鼓励。

想知道原因吗

孩子一般从六七个月开始爬行，到九十个月时开始学习站立。爬行作为出生第一年内最重要的动作之一，对孩子的感知觉、认知经验、情绪发展等都起着重要的作用。心理学家认为孩子爬上爬下的动作有助于协调能力的发展，孩子必须在手、眼、脚的协调配合下，才能有效地完成爬的动作，并通过反复的练习，增强动作的灵活性。另外，孩子通过爬行，活动范围不断扩大，他们会不断增加难度来提升对外界事物的掌控能力，进而促进神经系统的发展。在这个过程中，孩子遇到的每一个新奇的刺激都可促进空间智能的发展，遇到的每一处障碍都有助于抽象概念的形成。因此，爬上爬下给孩子提供了生命早期主动探索和尝试独立的机会，爬上爬下的动作建构了孩子探索世界的经验，经验又促进神经系统的更大发展，因此孩子会乐此不疲。父母可以在保证孩子安全的前提下，让孩子尽情、自由地探索。

> **黄金小建议**
>
> 每个人在人生最初的几年都是通过动作来探索和认识世界的。因此，针对孩子爬上爬下，父母应该解放孩子的手和脚，为孩子大胆地爬行做充分的准备。

— 行为与习惯 —

如何纠正孩子吃手指的习惯

> ✓ **名家智语**
>
> 坏习惯不加以抑制，不久它就会变成你生活上的必需品了。
>
> ——古罗马思想家奥古斯丁

一些孩子在断奶之后会多了一个喜欢吃手指的毛病，玩玩具、睡觉的时候都时不时地吃手指。大人告诉他不要吃手指、吃手指不卫生，他也不听。父母该怎样纠正孩子吃手指的习惯呢？

需要做的事情

 吃手指原因大起底

很多时候，孩子吃手指是因为感到紧张和焦虑，或者就是无聊时自然而然养成的习惯。父母首先要做的就是在孩子吃手指的时候注意观察并分析原因。父母可以参照下面这张表格记录孩子吃手指的频率和情形，只要注意总结和归纳，一定会找到孩子吃手指的真正原因。

孩子吃手指观察记录表

时间	地点	情绪表现	行为表现	特殊事件
吃饭前	小椅子上	急着吃饭	坐在饭桌前，双脚前后荡来荡去	饿了
睡觉中	床上	无	偶尔眼睛快速翻动几下，手动一动	做梦了
搭积木	地垫上	比较开心	若有所思	自己玩，大人在忙自己的事

2 帮助孩子纠正吃手指的毛病

▶ 和孩子谈一谈。找个合适的时间，问问孩子："你知道你有时候喜欢吃手指吗？"如果得到的回答是"不知道"，这其实是个好的信号——说明孩子吃手指只是个自然的反应。如果孩子的回答是"知道"，那就问问具体原因。

▶ 消除孩子的顾虑。孩子担心自己会因为吃手指这件事挨批评，那就耐心地解释和倾听，打消孩子这方面的顾虑。

▶ 对症下药。通过第一步，相信父母已经能够找到孩子吃手指的原因，那就尽量切断这些"导火索"。孩子怕黑，就陪伴孩子入睡；孩子感到紧张和焦虑，就和孩子聊一聊；孩子在玩玩具的时候思考问题，就鼓励孩子把解决问题的思路说出来；等等。

▶ 转移孩子的注意力。白天给孩子多准备一些玩具，手头都是玩具，孩子自然没空吃手指了。发现孩子出现要吃手指的苗头，就将一个小玩具放在孩子的手里。

▶ 玩藏起大拇指的游戏。教孩子在想吃手指的时候，就用其他四指把大拇指包起来。

▶ 晚间播放摇篮曲，让孩子在轻柔的音乐中不需要吃手指就能入睡。

▶ 大一点儿的孩子可以玩特殊的玩具来锻炼手指，如弹力球，让手指忙起来。

▶ 如果以上方法都不管用，就把孩子的手套起来。孩子在家或者睡觉的时候，用小手套或者干净的小袜子，把他的手套起来帮助纠正，注意不要在公共场所或者幼儿园里这样做。

3 避免出现以下不恰当的教育行为

▶ 消极反馈。无论怎样，千万不要因为吃手指这件事指责孩子，否则的话孩子会因为心灵受到伤害而更难以忘却吃手指这件事。时刻提醒自己，孩子还小，想想自己小的时候，纠正一些不良行为习惯也不是一蹴而就的。
- ▶ 病急乱投医——用一些有毒有害的东西帮孩子纠正。有的父母给孩子手上涂辣椒水、难闻的指甲油、喷刺鼻的香水……这些办法都不可取，可能会诱发一些其他不利于身心健康的问题。

想知道原因吗

一般来说，幼儿吮吸手指被认为是婴儿期行为习惯的延续和焦虑反应。具体来说，婴儿期的孩子正处于用身体部位（主要为嘴）感知世界的阶段，母亲喂奶时，由于抱孩子的姿势不当，或喂奶的方法不正确、喂食的速度太快，没能满足孩子吮吸的欲望，孩子长大以后很容易出现咬指甲、吃手指等行为。另外，幼儿焦虑的时候也喜欢吃手指，就像婴儿期吮吸的动作，能带给孩子一定的安全感，以缓解焦虑的情绪。

我们将孩子喜欢吃手指的原因总结在下表中，方便您了解。

孩子喜欢吃手指的原因

序号	原因概括	具体分析
1	紧张和焦虑的自然反应。	孩子吃手指大部分情况是为缓解紧张和焦虑的感受而做出的下意识的动作。
2	婴儿期养成的习惯。	婴儿无论吃母乳还是用奶瓶喝奶依靠的都是吮吸动作，总之，吮吸能带给孩子一种最基本的满足感。断奶之后，一些孩子就通过吃手指来获得安全感和满足感。

> **黄金小建议**
> 请父母尽快找到孩子吃手指的原因，引导孩子用正确的方式来排解不安和压力，循序渐进，一定能帮助孩子"解放"双手！

如何应对孩子乱"吃"东西

名家智语

习惯能造就第二天性。

——古罗马哲学家西塞罗

1~2岁的孩子，已经能用小手抓起东西了，但是看见什么都想放在嘴里咬两下，拿着玩具玩一会儿就想往嘴巴里放，甚至会去啃两口电视遥控器。孩子乱"吃"东西这件事让很多父母感到头疼，应该怎么办呢？

需要做的事情

1 防患于未然，引导孩子正确玩玩具

- ▶ 给玩具消毒。在孩子还没有彻底改掉乱"吃"东西这个习惯时，出于对安全和卫生的考虑，请父母给孩子的玩具或者其他能接触到的东西进行彻底的、定期的消毒。
- ▶ 收起零碎的小物件。孩子如果有把东西放到嘴里的习惯，就要警惕孩子误食、误吞家里的小物件，最稳妥的办法就是把零碎的小东西收起来，比如玻璃弹球、药丸等。
- ▶ 引导孩子用正确的方法玩玩具。例如，玩摇铃的时候，就要告诉孩子："摇铃只要摇就会有声音，是放在手里摇着玩的。"一边说一边给孩子示范。

2 循序渐进地纠正孩子的不良行为习惯

▸ 约定一个停止的动作。这个动作是父母和孩子之间的约定，做这个动作就意味着提醒孩子不要把手上的东西放进嘴里。
▸ 紧急叫停。看到孩子拿着玩具要往嘴里放，就提醒孩子，可以做停止的动作，也可以口头提醒。
▸ 及时表扬。当孩子经过提醒能够不再乱"吃"东西时，父母要给予及时的口头表扬或者奖励孩子一个拥抱。
▸ 撤销零食奖励。如果孩子犯规，就不给孩子零食奖励。
▸ 分阶段计时，循序渐进。让孩子一下子改正行为习惯不太容易，不妨做个约定："宝贝，如果你能1个小时不咬玩具，妈妈就带你下楼玩滑梯，怎么样？"达成目标2~3次后，再把时间延长。
▸ 定期给孩子修剪指甲，防止细菌感染和表皮损伤。
▸ 丰富膳食，补充必要的维生素。有些孩子因为缺乏必要的维生素而喜欢乱"吃"东西，父母要注意丰富膳食种类，保证孩子摄入生长发育所必需的营养物质。
▸ 使用健康适宜的替代品。如果孩子的行为刚好发生在出牙期，父母可以选择磨牙饼干、水果条、胡萝卜条、奶嘴等物品让孩子的嘴巴忙起来。

3 避免出现以下不恰当的教育行为

▸ 打掉孩子手里的东西。有些父母性格急躁，看到孩子在啃咬东西就动手打掉，孩子会以为是在和他做游戏，而且会造成亲子沟通的障碍。
▸ 没收玩具。因为害怕孩子会"吃"玩具，有的父母干脆就把玩具收起来。玩具是孩子成长中的必需品，不给孩子提供玩具，孩子也许会去"吃"别的小物件，所以这样做不仅无益于纠正乱"吃"东西这个行为习惯，还会引发一系列的发展问题。

想知道原因吗

孩子见到什么东西都喜欢往嘴里放，嚼一嚼、尝一尝，这种现象在孩子1岁左右的时候最为常见，2岁的时候也偶有发生。我们把常见的原因总结在下表里，方便您了解。

孩子乱"吃"东西的原因

序号	原因概括	具体分析
1	处于感知运动阶段。	根据皮亚杰的认知发展阶段理论，0~2岁的婴幼儿处于感知运动阶段，还依赖行为来探索和理解周围的环境。该时期的孩子理解外面世界的主要方式就是调用自己的感知觉和运动能力，而他们的大动作和精细动作发展有限，运用得最熟练的感官就是嘴巴，所以喜欢把东西放进嘴里去了解和认识。
2	缺少必需的维生素。	一些孩子在身体缺少必需的维生素时会出现乱"吃"东西的现象，有的喜欢舔墙，有的喜欢舔窗户的铁框，等。这种到处舔一舔、尝一尝的行为习惯，慢慢地就会泛化到喜欢把能拿到的东西，如玩具，放到嘴里尝一尝。
3	长牙阶段遗留下来的习惯。	孩子在4个月左右开始长出牙齿，长牙的时候牙床发痒，孩子就会倾向于去啃食够得到的东西，这种习惯很有可能延续到2岁左右。

黄金小建议

请父母严肃地告诉孩子哪些东西可以吃、哪些不可以吃，明确的指令能让孩子记住"不是所有东西都可以放在嘴里"。

如何制止孩子说脏话

名家智语

文明就是要造就有修养的人。

——英国作家约翰·罗斯金

有些3~5岁的孩子时不时就会冒出几句脏话、粗话,在和同伴交往的过程中尤为明显。例如,有小朋友插队,他就说:"滚开!"跟小朋友玩小汽车,他会说:"压死你!"老师和父母纠正和批评,也不管用,孩子仍然控制不住自己,会说不好听的话。如何才能让孩子不说脏话呢?

需要做的事情

1 调整自己的反应

- 避免过激反应。有的孩子说脏话可能只是想试试一个新词,有的孩子反复地说脏话很有可能是为了引起父母的注意。所以,第一次听到孩子说脏话,先试着无视他,既不要嘲笑,也不要批评、纠正。孩子只是想从父母这里得到一个比较大的反应,无论是好的还是坏的,别让孩子的小心机得逞。
- 平静地询问。如果孩子重复说一句脏话,父母要冷静地问孩子:"你是在哪里听到的这个词呢?""你知道这句话什么意思吗?"确定脏话的来源,有助于父母切断孩子习得脏话的路径。
- 耐心解释说脏话是很坏的事。如果无视他并不能够奏效,父母就要郑重地向孩子说明说脏话的坏处,如不文明、爸爸妈妈和老师不喜欢说脏话的孩子、会失去很多好朋友等。

2 找到不良模仿对象

▶ 找到孩子的模仿对象。父母可以通过询问孩子、追踪孩子接触的媒介等方式确认孩子是从哪儿学到的脏话，不要放过任何蛛丝马迹。孩子很有可能是通过电视、网络等媒介学到的，也有可能是从小朋友或者大人那儿学来的。

▶ 虚心自查，以身作则。父母要以身作则，使用文明用语，为孩子树立文明的榜样。如果父母在打电话或者处理紧急事务的时候，当着孩子的面儿不小心说了粗话，事后要向孩子解释、道歉，说明自己冲动的理由和后果。

▶ 和讲脏话的小朋友的父母谈谈。如果孩子模仿身边的小朋友说脏话，父母就可以试着找到那位小朋友的父母，跟他们沟通一下这件事，看看他们能否提醒孩子在相处的时候不说脏话，使用文明用语。

3 建立规则

▶ 规则要面向全部的家庭成员，大人和孩子共同遵守，如果犯规了，就要接受惩罚。可以参考下面的"'文明之星'评比表"。

"文明之星"评比表

时间	"我讲文明、懂礼貌！"			"我犯规了……"		
	爸爸	妈妈	宝宝	爸爸	妈妈	宝宝
星期一			爷爷奶奶来家里做客，我说了"欢迎""请进""请坐"。	和同事打电话的时候发脾气了，说了难听的话。		
星期二						
星期三						
星期四						

续表

时间	"我讲文明、懂礼貌！"			"我犯规了……"		
	爸爸	妈妈	宝宝	爸爸	妈妈	宝宝
星期五						
星期六						
星期日						
总计						

评比规则：

1. 人人遵守，争当"文明之星"。
2. 使用文明用语，如"谢谢""请""不客气""您""对不起"等；不能说脏话，说脏话就算犯规。
3. 使用文明用语加分，说脏话则扣分。
4. 犯规后要受到惩罚。一旦犯规，爸爸或者妈妈不能玩手机10分钟，宝宝则要在小椅子上安静地坐5分钟。
5. 星期日总结一周的表现，得分最高的人成为"文明之星"。

▶ 通知老师关于规则的事。父母告诉幼儿园老师在家庭中建立了关于说脏话的规则，和老师就此事保持沟通。同时告诉老师，如果孩子说脏话了，就要减少或者取消他玩游戏的时间。

4 避免出现以下不恰当的教育行为

▶ 严厉批评孩子。孩子说脏话，父母劈头盖脸地批评一顿，这无益于孩子改正自己的行为。因为孩子很多时候根本不知道脏话的具体含义，而父母过度的反应可能会强化孩子的不良行为，使他为了得到父母的下一次反应而再"试"一次。

▶ 做出错误的反应。有些父母第一次听到孩子说粗话、脏话，会兴奋地说："哟，这你都会？！"在孩子的眼中，这样的反馈意味着一种鼓励，就像是孩子进行了一种表演，得到了意想不到的赞许一样。这是对不良模仿行为的强化，最终会导致孩子难以纠正说脏话的行为习惯，难以自我控制。

想知道原因吗

父母要结合孩子的行为表现进行判断，如果孩子的喉部有一些不受控制的冲动，发出重复、爆发性、无意义的单调异常喉音，并且伴有无意识刻板的咒骂，那么就要警惕孩子是否患有抽动秽语征。

但更多的时候，孩子说脏话是一种模仿的行为。有时候，孩子用学来的脏话发泄情绪，有时候用来试探大人的反应。总之，找到孩子说脏话的模仿对象、抓住孩子说脏话的动机，也就好对症下药了。我们将具体原因整理在下面的表格中。

孩子说脏话的原因

序号	原因概括	具体分析
1	试探父母的反应。	幼儿很多时候还不能理解脏话的具体含义，他们说脏话大多是对这个新词的"试用"，他们只是想看看父母会有什么样的反应。
2	模仿别人的语言。	在很多方面，幼儿通过模仿来学习，接触到的一切都是学习的对象。幼儿听到别人说一些自己没有听过的新词，就要模仿和应用。
3	发泄情绪。	当幼儿意识到可以通过大声地说话来发泄情绪时，就容易说脏话，而且幼儿的认知水平有限，不理解脏话的具体含义，只知道可以用来发泄情绪。

> **黄金小建议**
>
> 父母要以身作则，不说脏话，创设文明的家庭环境。

如何让孩子乐于洗头发

> **名家智语**
>
> 习惯真是一种顽强而巨大的力量，它可以主宰人的一生，因此，人从幼年起就应该通过教育培养一种良好的习惯。
>
> ——英国哲学家培根

有的孩子就是不喜欢洗头发，在浴盆里洗哭闹，用淋浴的喷头洗也哭闹，边哭边躲，每次洗头发就像打仗一样，弄得大人和孩子都很不开心，怎么办呢？

需要做的事情

1 洗头前与孩子温情沟通

- 告诉孩子洗头发的好处："将头发洗干净就不会痒痒，小朋友和老师都喜欢干净的宝宝。"
- 告诉孩子一会儿会经历些什么，充分打消孩子的顾虑："宝宝，一会儿洗头发的时候妈妈会轻轻地给你洗，洗头可舒服了。万一眼睛、耳朵进水了，或者有什么不舒服的感觉，都可以告诉妈妈。"
- 适当地提供些预期奖励："宝宝，咱们要是能开开心心地洗完头发，妈妈带你下楼玩滑梯怎么样？"

2 边洗发边交流，事半功倍

- 做好给孩子洗头发的准备。水温以32~37摄氏度为宜，使用幼儿专用的天然无刺激的洗发水，给孩子准备一条小毛巾，让他握在手里，以便随时擦掉脸上的水，备好孩子用来踩站的小凳子，可以播放一首轻松、愉快的童谣。父母应把指甲剪到合适的长度，避免划伤孩子。

▶ 采取理发店仰卧式的洗发姿势。因为这样的姿势，水不容易流进眼睛里，孩子可以全程睁开眼睛，跟父母沟通也会更容易。

▶ 如果采取更为常见的俯式洗发姿势，那么记得先洗发，再洗脸。

▶ 先用温水浸湿头发，注意不要让水流进孩子的耳朵、鼻腔里，其实只要父母的动作轻柔、细致一些，这些都是可以避免的。然后，把适量的洗发水放于掌心，用手掌（而不是手指）在孩子的头部慢慢揉搓，在清洗发际线、耳朵附近的头发的时候要格外小心。

▶ 轻声细语勤沟通。在洗头发的每个阶段，都可以耐心地询问孩子的感受："宝贝，你准备好了吗？""水温合适吗？""宝贝，如果脸上有水了，你可以用手里的小毛巾擦一擦。""马上就洗完了，怎么样，是不是很舒服？"

▶ 洗头发的过程中，要尽量鼓励孩子用言语来表达自己的感受和意图，让孩子知道哭闹是不能解决问题的。

▶ 及时表扬孩子的优秀表现："我家宝贝真勇敢，真棒！还能自己用毛巾擦水了呢！"

3 避免出现以下不恰当的教育行为

洗头发这件小事蕴含着大学问。错误的观念和认识、不正确的行为，会让洗头发这件事成为父母和孩子的一种煎熬。快来比对一下，您是否有过如下需要纠正的做法呢？

错误行为对照表

错误行为	教育影响
动作粗暴	您粗暴的动作会严重影响孩子洗头发的体验，原本温馨的亲子互动过程，却被孩子看作一次无法逃避的惩罚。

续表

错误行为	教育影响
言语指责	无端、严厉的指责只会刺痛孩子的心灵，孩子被劈头盖脸地批评了一顿，却仍然不明就里，还会更加反感洗头发这件事。
把洗头发作为一种惩罚	在平时的教育过程中，您是不是经常拿洗头发这件事来吓唬孩子呢？"再不听话，就洗头发了。""别哭了，又没要给你洗头发。"这样的做法只会让孩子越来越恐惧洗头发，而且会把这项日常活动当作一种惩罚。

想知道原因吗

孩子洗头发的时候哭闹不止，难道是孩子怕水不成？其实不然，孩子来到这个世界之前是生活在妈妈的子宫里的，那是个温暖、湿润的水世界，一般来讲，刚出生的宝宝不但不怕水，反而能够自如地在水里游泳。然而，随着呼吸系统的发育和成长，孩子的这项本能渐渐消失。

孩子一洗头发就哭，大多是因为洗头发过程中不舒服的感受导致的。一方面，孩子的语言能力有限，哪儿不舒服表达不出来，只能干着急；另一方面，伴随孩子成长的还有自主意识的发展，孩子开始"策划"着做自己的主人，所以他们很有可能不喜欢大人给自己洗头发，想要自己洗呢！

孩子不喜欢洗头发的原因

序号	原因概括	具体分析
1	难受在心"口难开"。	（1）孩子对主动词汇的使用尚可，但被动词汇一般。 （2）语言的发展存在个体差异，有快慢之分，也有流畅和不流畅之分。
2	"你侵犯到我的主权了"。	（1）随着自主意识的发展，孩子想做自己的主人。 （2）孩子存在自我中心主义倾向，认为"除了给我好吃的、好玩的，还得照顾我的感受"。 （3）孩子长大了，不喜欢被强迫。

续表

序号	原因概括	具体分析
3	"我怕呛水，喘不过气来"。	（1）洗发香波进了眼睛，眼睛疼。 （2）脸和头发都湿漉漉的，一直滴水，躲也躲不开。 （3）眼睛进水，鼻子呛水，洗头发太难熬了。

> **黄金小建议**
>
> 请父母细心准备、小心操作、耐心沟通、积极鼓励，这样给孩子洗头发，就一定会让孩子开心、舒心！

如何让孩子安静下来

> **名家智语**
>
> 让孩子像野花一样自然生长，要尊重儿童的天性和选择。
>
> ——作家冰心

有的孩子从小就很顽皮，不论在家还是外出玩耍，他总是能量满满，片刻也不愿停歇。这时候，父母应该怎么办？

需要做的事情

1 帮助孩子安静下来

- 孩子的冲动性强而自控力弱，常常疯起来就不知停歇，父母需要告诉他们为什么要安静、怎么安静下来。
- 给孩子一个安静下来的理由。例如，父母可以告诉孩子："奶奶在睡觉，我们要悄悄的，不要吵醒她。"过了一会儿，孩子可能玩得高兴又吵闹起来，这时，父母可以用眼神或手势示意他要安静，并提醒他安静的理由。
- 给孩子安静下来的缓冲时间。例如，在孩子疯玩不肯安静睡觉时，父母可以先带孩子进行一些亲子活动，比如画画、看故事书、听儿歌等，待孩子逐渐从剧烈的运动中放松下来后再带他去睡觉。

2 选择合适的活动让孩子发泄旺盛的精力

- 发现孩子感兴趣的活动。每个孩子都有自己的爱好，有的喜欢小汽车，有的爱唱歌，还有的擅长组装玩具。父母可以根据孩子的兴趣，给孩子安排游戏，让孩子投入其中。
- ▶ 引导孩子参加体育活动。父母可以经常带孩子进行户外活动，先尝试各类运动，然后让孩子选择一项喜欢的体育运动坚持下来。
- ▶ 提前防范，注意安全。好动的孩子乐于冒险，因此也常常伴随着危险。因此，父母在孩子活动前要说明注意事项，做好安全保护。

3 避免出现以下不恰当的教育行为

- ▶ 给孩子贴上"多动症"的标签。小孩好动是正常的，父母贴标签的做法，一方面让孩子感觉自己被否定，另一方面会暗示孩子那就是他的行为方式。父母可以用精力充沛、有活力等积极词汇来形容他的行为。
- ▶ 打压孩子好动的天性。如果父母过分压抑孩子的活动兴致，强迫孩子安静地游戏，就会剥夺孩子探索的积极性、活动的创造力和成长的乐趣。

想知道原因吗

事实上，有些孩子天生就活泼好动，精力充沛。这些小淘气们往往不愿意老老实实地待在父母身旁，而是喜欢自己到处跑跑跳跳，或者和其他小伙伴打打闹闹。有时，他们还会干些你想象不到的"坏"事情。活泼好动其实是多血质气质类型的主要表现。

我们将多血质气质类型的成因总结在下表里，方便您了解。

多血质气质类型的成因

序号	表现	原因
1	活动强度高，活动时间长，活动速度快。	多血质气质孩子的神经活动特点是强、平衡而灵活，大脑皮层的兴奋过程强，反应迅速且灵活，使得他们日常活动量很大，很难从兴奋中平静下来。

续表

序号	表现	原因
2	容易分心，控制力差。	孩子的跑、跳等动作技能发展迅速，他们乐于探索。但是由于大脑皮层发育还不成熟，他们的注意力和自控力发展水平有限，容易冲动。

多血质的孩子喜动不喜静，注意力易转移，做事总难善始善终，但是他们满脑子创意，好奇心也强。可见，淘气不是件坏事，关键是怎样对淘气的孩子进行正确的引导。

> **黄金小建议**
>
> 精力旺盛不是件坏事儿，引导孩子把精力投入喜欢的事情中，孩子的表现可能会给父母带来惊喜。

如何不让孩子耍无赖

> **名家智语**
>
> 儿童幼小的心灵是非常细嫩的器官。冷酷的开端会把他们的心灵扭曲成奇怪的形状。
>
> ——美国作家卡森·麦卡勒斯

很多妈妈都对孩子的"耍无赖"行为束手无策。有些孩子喜欢随心所欲，想怎么样就怎么样，想要什么就必须得到什么。一旦不如意（如想要一个小火车的玩具，不给他买），他就会直接躺在地上哭闹，耍无赖。面对这种情况，父母应该怎么办？

需要做的事情

1 善于学习各种方法，进行科学教养

- ▶ 保持冷静，理性处理。很多时候，父母被闹得情绪失控，就会大发脾气，指责甚至打骂孩子，这样不但解决不了问题，还会给孩子带来心灵伤害。
- ▶ 巧妙转移孩子的注意力。孩子的注意力是非常容易被转移的，所以父母可以抓住孩子的这一特点，用其他事物（如孩子平时非常喜欢的玩具）来吸引孩子，他会很快忘记之前的事情。
- ▶ 行动一致。这包括两方面的含义：一方面，父母每次处理孩子的任性行为要态度一致，不能一会儿冷漠，一会儿却又抱又亲的；另一方面，父母双方的管教方式要一致，不能一个说"好"（就给他买吧，又没有多少钱），一个说"不好"（不行，再宠下去就无法无天

了）。这些做法只会让孩子分不清对与错，无法建立是非观念。
- 表扬与批评并行。例如，孩子看动画片超时了，父母要关掉电视，结果孩子开始哭闹，父母要及时予以批评。在双方沟通后，孩子意识到自己的不对并主动关掉电视，父母要及时予以表扬，以达到强化的目的。

2 避免出现以下不恰当的教育行为

- 一味冷处理。孩子一旦提出要求，父母觉得不能接受，就冷漠对待，任其哭天喊地。时间久了，孩子会认为父母不爱自己，这并不利于他的健康成长。因此，父母也要学会变通。
- 过分溺爱。有的父母很无奈，孩子一旦哭闹，就向孩子妥协。这样只会让孩子觉得"原来什么事情都可以通过哭闹解决""我想要什么就有什么"，这些不良想法会使孩子长大后难以适应社会规则。
- 暴力惩罚。有些父母不能理性教育孩子，在孩子表现得不好时就强硬管教，打骂孩子，长此以往，会影响孩子健全人格的发展。

3 制作"孩子耍无赖记录表"，帮助孩子监督自己

孩子耍无赖是令父母头疼的事，这也的确是一种不好的行为习惯，所以父母要及时进行纠正。可以尝试将孩子的耍无赖行为记录下来，并让孩子参与其中，发现自己的不足，及早改变。
- 父母和孩子一起记录孩子耍无赖的具体事件。
- 让孩子对自己的行为进行评价，说一说自己的感受（为什么哭闹，觉得自己做的是否正确）。
- 记录父母的反应（父母做出了怎样的反应，这些反应是否得当）。
- 进行一周总结，对照以往的记录评价孩子是进步还是退步了，并辅以相应的奖惩。

孩子耍无赖记录表

日期	具体事件	孩子的想法	父母的反应	周总结
5.4	想看电视	我就是想看，为什么不让？（今天不高兴）	一开始耐心说教，结果孩子完全不听话，就发火了。（今天做得比较失败）	

想知道原因吗

不少孩子都会出现耍无赖的行为，我们将孩子耍无赖的原因总结在下表里，方便您了解。

孩子耍无赖的原因

序号	原因概括	具体分析
1	自控能力较弱，情绪稳定性差。	年龄较小的孩子大脑发育还不成熟，自我控制能力较弱，情绪稳定性较差，因此容易冲动，易出现耍无赖行为。
2	成人的教育方式不佳。	很多父母不能坚持原则，常常在孩子的哭闹面前败下阵来，孩子会觉得耍无赖是非常有用的手段。父母的妥协助长了孩子的任性行为。

> **黄金小建议**
>
> 孩子是父母言谈举止和教育方式的一面镜子。父母应拒绝溺爱，慎用冷处理、惩罚这样的教育方式。父母在孩子耍无赖时要先理解其因，而后采取有针对性的办法。

如何对待孩子的涂鸦行为

> **名家智语**
>
> 想象力是发明、发现及其他创造活动的源泉。
>
> ——古希腊哲学家亚里士多德

很多年幼孩子的父母都会面临这样一种令人头疼的状况：孩子每天在家里任何可以下手的地方（如墙上、地板上）画个不停，而画出来的东西在成人看来就是鬼画符。面对孩子的这种行为，父母该如何做呢？

需要做的事情

1 明确"可以"和"不可以"

- 父母根据孩子的特点和家庭环境等和孩子一起制定家庭涂鸦准则，明确告诉孩子哪些地方可以画、哪些地方不能画。
- 为孩子提供足够的绘画空间，他们就会减少乱涂乱画的行为。例如，在家里多准备几块可擦洗的黑板或画板，孩子房间的墙用浅色墙纸来装饰。

2 借助孩子的画作，听听孩子的心声

- 每日的涂鸦时间正是亲子交流的宝贵机会，孩子的画是极好的交流媒介。年幼的孩子还无法流畅地表达自己的想法，父母要有意识地创造机会，引导孩子大胆地说出画画的原因和画的内容。这样做可以说是一举两得：既能发展孩子的语言表达能力，又能让父母及时了解孩子

的心理需求。

▶ 和孩子一起作画，让孩子感受到自己并不孤独。父母和孩子一起完成一幅作品，既可以成为共同的回忆，也可以让孩子感受到温暖的亲情。

3 与孩子一起"身临其境"

▶ 当孩子兴致勃勃地画画时，父母不妨也卸下担子，放空自己，和孩子一起创作，随心、随性，体会孩子的童真和乐趣。

▶ 父母可以带孩子一起到大自然中作画，感受大自然的魅力。在户外，孩子看到大好河山，不仅能增长见识，也可以感受大自然的美，欣赏大自然的美。

4 让孩子当个小小绘画家

▶ 孩子平时画的那些"作品"，父母尽可能将它们都保留下来，并做成作品集。等积累到一定数量时，可以将它们都拿出来和孩子一起"品味"：如让孩子再讲讲每一幅画的内容，给每一幅画起一个名字。

▶ 和孩子一起将选出的画装订起来，制作一本珍贵的画册，以后再拿出来，对孩子和父母来说都是难忘的回忆。

5 避免出现以下不恰当的教育行为

▶ 随意地评价。父母做出的"鬼画符""画得不好"等评价，会让孩子对自己产生怀疑，甚至会觉得爸爸妈妈不爱自己。

▶ 粗鲁地制止。动作（如画、撕等）是孩子探知世界的直接途径，父母应允许孩子涂鸦。

▶ 过分地干涉。无论孩子怎么画，父母都不要帮忙，用心欣赏，听一听孩子的心声就好。

想知道原因吗

生活中，孩子到处涂鸦的现象很常见。只要有笔，一些孩子就可以很安静，虽然这种安静背后是我们成人眼中的乱涂乱画。画画是孩子用动作探知世界、发展思维的途径，是孩子表达自己头脑中世界的重要手段。此外，随性地画画也给予他表达创造力和想象力的机会。因此，孩子喜欢乱涂乱画。

我们将孩子喜欢涂鸦的原因总结在下表中，以便您更好地理解孩子。

孩子喜欢到处涂鸦的原因

序号	原因概括	具体分析
1	思维发展特点决定的。	0~2岁的孩子处于感知运动阶段，动作（如咬、撕、画）是孩子认识世界的主要方式。 2岁以后的孩子发展到了前运算阶段，出现了思维的萌芽，但这种思维是一种具象思维（需要依赖具体的实物）。
2	创造力及想象力的发展。	幼儿阶段是孩子创造力和想象力得以充分发展的关键时期。 只要对孩子的涂鸦行为进行合理的引导，它就会变成激发孩子创造力及想象力的"魔法棒"。

> **黄金小建议**
>
> 涂鸦是孩子表达内心世界的重要方式之一，父母的欣赏与陪伴是对孩子创造力和想象力的最好保护。

如何让孩子消除起床的小脾气

> **名家智语**
>
> 世人缺乏的是毅力，而不是气力。
>
> ——法国作家雨果

5岁半的孩子早晨非常不愿意起床，总是在父母多次催促后才渐渐醒来，还得父母为他穿衣服，起床之后还经常耍小脾气。我们将这种小脾气称为"起床气"。面对这种情况，父母应该怎么办？

需要做的事情

1 制作"孩子起床气记录表"，总结孩子起床气出现的规律

- ▶ 在表格中记录孩子的睡前情绪、睡觉时间、起床时间、起床情绪，并记录起床时是否耍脾气。
- ▶ 分析孩子的睡前情绪、休息时间与起床气的关系。

孩子起床气记录表

睡前情绪	睡觉时间	起床时间	起床时的情绪	是否发脾气
轻微生气，因为不想早睡觉	晚9点	早8点45分	很生气，不愿意起床	是

2 孩子睡觉前需要这么做

▶ 为孩子营造良好的休息环境,将灯光调成微弱的暖光或关灯,床和被褥要干净舒适。
▶ 与孩子进行睡前沟通,可以讲孩子喜欢的童话故事,也可放一段舒缓的轻音乐。
▶ 每天在固定的时间带孩子休息,有助于孩子形成生物钟,养成早睡早起的好习惯。

3 孩子起床时需要这么做

▶ 调动孩子起床的积极性。例如,前一天晚上睡前先和孩子约好,第二天早上要穿什么衣服、第二天要做什么事。孩子自己参与决定的事情,通常都会积极主动地做。
▶ 早晨起床时,放段孩子喜欢听的歌曲或是为孩子读幽默故事。
▶ 给孩子5分钟的缓冲时间。在这5分钟里,妈妈可以用温暖的双手轻轻地抚摸孩子的小脸,让孩子感觉到妈妈对他的关爱。此时,孩子可以放松心情。

4 避免出现以下不恰当的教育行为

▶ 睡前提高孩子的兴奋度。例如,睡前同孩子兴奋地活动或是进行批评教育。
▶ 用很粗暴的方式叫醒孩子。例如,掀孩子的被子,或大声喊叫,甚至直接揪耳朵。
▶ 直接将孩子睡觉房间的窗帘打开,让阳光照射进来,使孩子因眼睛受到光线的刺激而醒来。
▶ 与孩子生气。父母生气,只会给孩子不平稳的情绪火上加油,同时也给孩子做了个坏榜样。

想知道原因吗

孩子有起床气是正常的。它缘于以下几种因素。首先，心理原因。有些孩子情绪不佳或者精神长期处于紧张状态而导致有起床气。其次，孩子睡眠不足。孩子晚上睡得太晚，或者睡觉期间经常醒来，就可能有起床气。再次，父母教养态度的影响。孩子如果从小受到父母的溺爱，什么事情都由着自己的脾气来，那么起床的时候就可能会发脾气。

孩子有起床气的原因

序号	原因概括	具体分析
1	睡眠时间不足或睡眠质量低。	孩子晚上睡得太晚，或者睡觉期间经常醒来，就可能有起床气。
2	压力导致。	父母的要求过高，孩子的精神长期处于紧张状态，承受的压力过大，导致出现起床气。
3	教养方式不当。	父母的溺爱使得孩子比较任性，导致孩子有起床气。

> **黄金小建议**
>
> 用平和的心态、平静的语气来唤醒沉睡的宝贝，一起迎接美好的早晨，会让父母和孩子一整天都拥有好心情。

如何不让孩子迷恋动画片

名家智语

过犹不及。

——春秋时期思想家孔子

6岁左右的孩子每天都长时间看动画片,吃饭也不能停,还经常模仿动画片里人物的语言与动作,如醉如痴。面对孩子迷恋动画片,父母应该怎么办?

需要做的事情

1 制作"动画片观察分析表",总结孩子看动画片的规律

动画片多种多样,父母应多加留心孩子迷恋的动画片,并记录下来,分析孩子的入迷程度。

- ▶ 在表格中记录孩子看动画片的时间段及动画片的名称。
- ▶ 记录孩子每次观看动画片的时长。
- ▶ 分析孩子在观看动画片时的入迷程度,并粘贴小星星,小星星越多,代表入迷程度越高。

动画片观察分析表

日期	时间段	动画片名称	观看时长	入迷程度
8.21	晚饭后	《成龙历险记》	1.5~2小时	★★★★

2 帮助孩子走出动画，走进生活

▶ 用孩子喜欢的亲子游戏代替动画片，这样既可以增加亲子游戏时间，又可以降低孩子对动画片的入迷程度。
▶ 由于孩子对时间的认知有限，会导致长时间观看动画片而察觉不到时间的流逝。可以规定看半个小时动画要休息一下，这样既可以保护孩子的视力，也能在某种程度上提高孩子的自我管理能力。
▶ 经常带孩子去公园、游乐场等地方，让孩子多与其他小朋友接触，增加与同伴的情感，便于忘记动画片。
▶ 积极邀请孩子的同伴来家里一同玩游戏，减少孩子看动画的时间。

3 避免出现以下不恰当的教育行为

▶ 以电视坏掉了为由不让孩子看电视。例如，将电视的信号接收线拔掉，却谎称电视坏掉了。
▶ 直接训斥孩子，并说一些过激的话。例如："你再这样看电视，就没人理你了！"
▶ 强制换台。例如，父母直接将电视调到自己想要看的频道。
▶ 强制孩子停止看电视，并让孩子一个人独处或反思。

想知道原因吗

3~6岁的孩子迷恋动画片是一种常见的现象。一方面，动画片迎合幼儿的喜好，深深地吸引着孩子，孩子在观看动画片的时候能够获得满足感和快乐感。另一方面，父母工作繁忙，忽略了孩子渴望接触新事物的心理需求。3~6岁幼儿渴望了解外界事物，渴望与人交流，渴望得到更多的关注，如果此时父母由于工作繁忙而忽略了孩子的心理需求，孩子会产生失落感、孤独感，而动画片恰好能弥补孩子这方面的情感需要。此外，孩子对动画片的迷恋与其认知能力的发展密切相关。幼儿时期，孩子的注意以无意注意为主，记忆以形象记忆为主,想象力也逐渐形成,而孩子在观看动画片的过程中这些认知活动发挥了重要作用。

孩子迷恋动画片的原因

序号	原因概括	具体分析
1	动画片具有动态魅力。	心理学研究表明,新异、高强度、运动变化等是能引起个体无意注意的事物的重要特征。动画片与书本比起来更有动态吸引性,符合幼儿的认知特点,容易使孩子迷恋。
2	父母的疏忽使孩子产生孤独感。	孩子缺少父母的陪伴,在社会交际中情感得不到满足,容易产生失落等消极情绪,观看动画片能缓解这些消极情绪。

黄金小建议

孩子迷恋动画片会对其社会化产生消极影响,父母应积极邀请孩子的同伴来家里玩,孩子在与同伴交往的过程中会找到属于自己的真实角色,看动画片的欲望就会逐渐减弱。

如何使孩子犯错后不"执迷不悟"

> **名家智语**
>
> 人孰无过？过而能改，善莫大焉。
>
> ——《左传》

3岁左右的孩子有时会在打碎或乱扔东西、恶作剧后把责任推给别人，装出与自己无关的样子，即使被发现了也拒不认错。面对这样的孩子，父母应该怎么办呢？

需要做的事情

1 寻找错事的源头

- 循序渐进巧妙引导。例如，对孩子说："先不管其他人，妈妈陪你一起想一下，在和小朋友打架这件事上，你自己有哪些问题呢？"
- 去寻找内心深处的原因。例如，告诉孩子这么做是不对的，让孩子从心底接受自己的错误。

2 给孩子点明错在何处

- 对孩子进行直接教导。例如，当孩子与同伴争抢玩具时，让孩子分清自己和他人的物品，学会和小伙伴友善玩耍。
- 让孩子学会换位思考。父母可以告诉每天都把玩具乱丢的孩子，自己每天要收拾一个多小时，每次都累得腰酸背痛，很辛苦。可以提议和孩子互换角色一天，让孩子体会父母的辛苦，从而使孩子改掉乱扔玩具的毛病。
- 让孩子承担他的错误所造成的后果。当孩子将筷子随便扔到地上时，告诉孩子因为筷子掉到地上了，大家都没有干净的筷子吃饭了。

3 引导孩子知错后知弥补

- 当孩子对奶奶不礼貌时，鼓励并陪伴孩子跟奶奶道歉，获得奶奶的谅解。
- 当孩子打碎花瓶后，在保护孩子不受伤的前提下，让他尝试着打扫破碎的瓷片。

4 避免出现以下不恰当的教育行为

- 非训斥即打骂。这种教育方式会大大减弱孩子承认错误的勇气，并让孩子不知所措。
- 为孩子的错误找借口。长此以往，父母就成为孩子拒不认错行为的纵容者。
- 不点透孩子错之所在。孩子理解能力不强，过于抽象的批评会让孩子不知道自己错在何处。

想知道原因吗

我们将孩子犯错后"执迷不悟"的原因总结在下表里，方便您了解。

孩子犯错后"执迷不悟"的原因

序号	原因概括	具体分析
1	羞耻感的产生。	这个年龄段的孩子刚刚可以体验到羞耻感，犯错后产生的羞耻感是孩子拒绝承认错误的主要原因。

续表

序号	原因概括	具体分析
2	回避消极归因。	2~3岁的孩子犯错后推卸责任,是为了躲避"自己是坏孩子"等消极归因。

> **黄金小建议**
>
> 当孩子犯错后,父母不要过度惩罚孩子,而应尝试着陪伴或鼓励孩子去道歉、去承担责任、去弥补过失。

如何对待孩子看人脸色行事

名家智语

观察与经验和谐地应用到生活上就是智慧。

——俄国作家冈察洛夫

2岁多的孩子似乎也会看人脸色行事了：当妈妈笑容满面时，孩子会变得肆无忌惮；当妈妈脸色阴沉时，孩子便变成了乖宝宝。孩子有时可以通过察言观色找到时机，达到自己的一些小目的。面对这种情况，父母该怎么办呢？

需要做的事情

1 制作"孩子反常行为出现前父母情绪/事件记录表"

父母可以总结孩子某些反常行为出现前自己的情绪状态或发生的事件，尝试找出其内在联系。

- ▶ 在表格中记录孩子某些不常出现的特殊行为（如打着滚要糖吃）。
- ▶ 记录孩子特殊行为出现前父母的情绪状态或者发生的事件（如妈妈喜笑颜开心情好、家里来了客人）。

孩子反常行为出现前父母情绪/事件记录表

日期	孩子的反常行为	父母在孩子行为出现前的情绪状态／发生的事件
1.1	非要买玩具，因此哭闹不止。	妈妈心情特别好。

2 找出孩子反常行为与自身情绪或某一事件的联系

▶ 通过几次记录后,父母可能会发现孩子的反常行为与自己的情绪或者某一特定事件存在联系。

▶ 也许,孩子会在父母喜笑颜开地抱着他亲亲后,反常地拒绝吃饭,却不会被批评。

▶ 也许,孩子会在家里来客人时,把玩具扔得乱七八糟,并因为父母顾及客人而不会受到批评与惩罚。

▶ 也许,孩子会在爷爷奶奶在家时愈加任性,由于长辈在而免于被指责。

3 试着切断这些联结

▶ 家庭成员对孩子教育的观念和行为应保持一致。

▶ 对于孩子的错误行为,即使是在某些特殊的场合,也要在顾及孩子自尊心的前提下及时进行教育。例如,即使家里来了外人,也不能放任孩子不礼貌的行为,可以将孩子带到单独的房间,指出问题进行教育。

▶ 不要让孩子跟父母的情绪摇摆不定。当您顺利完成一日工作,心情舒畅时,也要对孩子乱发脾气的行为进行批评,而不是因为自己的好心情而让孩子学会找到合适的放肆时机。

4 避免出现以下不恰当的教育行为

▶ 父母经常情绪糟糕,让孩子无所适从。父母不安和沮丧的情绪很有可能会影响孩子的行为和人际交往能力。

▶ 让孩子找到肆无忌惮的时机。

▶ 给予无边的溺爱。

想知道原因吗

2岁多的孩子能够察言观色，是由于其面部表情的识别能力已经有了较好的发展，并且会通过关注周围的人对于不确定情境的情绪反应来调整自己的行为了。

我们将孩子看人脸色行事的原因总结在下表里，方便您了解。

孩子看人脸色行事的原因

序号	原因概括	具体分析
1	能看懂他人的面部表情。	2岁左右的孩子已经具备了情绪识别能力，能够理解他人的面部表情及声音和话语。
2	会根据他人脸色改变行为。	孩子在某些情况下，会有意搜索他人的情感信息，来更好地帮助自己对当前不确定的环境和事件进行理解，即寻找社会性参照。

> **黄金小建议**
>
> 父母应该恰当地表达自己的情绪，在培养孩子情绪识别能力的同时，注意不要让自身情绪与孩子的负面行为联结，要学做智慧的父母。

如何引导孩子自己吃饭

> **名家智语**
>
> 人如果吃不好,就不能好好思考,好好爱,好好休息。
>
> ——英国作家弗吉尼亚·伍尔芙

原本很喜欢让妈妈喂饭的孩子到了1岁多,便开始争夺餐具的主导权,拼命地把盛着食物的勺子往嘴里送,把饭菜洒得到处都是,吃到嘴里的饭少之又少,妈妈想帮忙却连勺子都抢不下来。面对这种情况,父母该怎么办呢?

需要做的事情

1 就餐前

- 为孩子提供专属的小餐位,同时为孩子准备合适的椅子和专用勺子。
- 让孩子与父母一同进餐,增加孩子的参与感。
- 将孩子的小手和勺子洗净,保障孩子手勺并用时的饮食卫生。
- 为孩子戴上小围嘴,同时可以在餐椅下铺垫报纸或废旧塑料布,方便饭后清理。
- 将孩子的食物放置在他触手可及的地方,方便孩子取拿。

2 就餐中

- 大胆地让孩子做勺子的主人,让孩子渐渐和餐具、食物"培养感情"。
- 每次只在孩子的碗里放置少量食物,并将食物切成小块,方便孩子食用，同时可以防止他将食物弄洒，浪费食物。
- ▶ 若孩子对拌饭或者盛饭感兴趣，父母可以给他分一小部分饭菜，让他进行尝试。

3 就餐后

- ▶ 带领孩子清洗小手，擦净小嘴。
- ▶ 对孩子的小进步给予表扬，指出孩子使用勺子的问题，耐心地为孩子演示正确的用法，鼓励他下次做得更好。

4 避免出现以下不恰当的教育行为

- ▶ 做放不开手的父母，总是不敢将勺子的"大权"交给孩子。一味地追着孩子喂饭和管制孩子只会让孩子对父母产生依赖，丧失吃饭的自主性。
- ▶ 过分要求整洁。父母过分要求的整洁，是孩子无法做到的。父母的批评和随时清理，无法让孩子养成正常的饮食习惯。
- ▶ 给予孩子单独的小饭桌。孩子想要模仿父母的行为，想要增加吃饭时的参与感，单独的小饭桌无法满足孩子的需要。

想知道原因吗

1岁多的孩子想要自己吃饭是出于对父母的模仿，也能够满足自主探索食物的好奇心。

我们将孩子偏要自己吃饭的原因总结在下表里，方面您了解。

孩子偏要自己吃饭的原因

序号	原因概括	具体分析
1	认识外部世界的需要。	1岁多的孩子处于感知运动阶段,他们通过动作适应外部环境,从而形成动作格式的认知结构。孩子自己动手吃饭也是认识自己和外部世界的过程。
2	模仿父母的吃饭行为。	孩子通过观察日常生活中父母就餐的方式,产生自主进食的愿望,并模仿父母的行为。这一过程可以更好地促进他们与父母之间的互动和情感交流。

黄金小建议

孩子成长中表现出的独立性,既让父母惊喜又让父母珍惜。父母要帮助孩子走向独立,为孩子提供多种成长的机会,好好吃饭就是其中之一。